Marcel Kiesé

Active Share

Wie wählt man am besten Investmentfonds aus?

Bibliografische Information der Deutschen Nationalbibliothek:

Die Deutsche Nationalbibliothek verzeichnet diese Publikation in der Deutschen Nationalbibliografie; detaillierte bibliografische Daten sind im Internet über http://dnb.d-nb.de abrufbar.

Impressum:

Copyright © Studylab 2018

Ein Imprint der Open Publishing GmbH, München

Druck und Bindung: Books on Demand GmbH, Norderstedt, Germany

Coverbild: Open Publishing | Freepik.com | Flaticon.com | ei8htz

Inhaltsverzeichnis

Abkürzungsverzeichnis

bspw.	beispielsweise
bzgl.	bezüglich
bzw.	beziehungsweise
ca.	circa
CRSP	The Center for Research in Security Prices
d. h.	das heißt
et al.	et alia (und andere)
ETC	Exchange Traded Commodities
ETF	Exchange Traded Funds
ETN	Exchange Traded Notes
HML	High Minus Low
Inc.	Incorporation
Mrd.	Milliarden
NAV	Net Asset Value
S.	Seite
s. o.	siehe oben
SMB	Small Minus Big
stdev	standard deviation (Standardabweichung)
S&P	Standard and Poors
TER	Total Expense Ratio
vgl.	vergleiche
z. B.	zum Beispiel

Symbolverzeichnis

N	Anzahl der Beobachtungen
$\emptyset$	Durchschnitt
R_{fund}	Fondsrendite
R_{index}	Indexrendite
$W_{fund,i}$	Portfoliogewichtung des Assets i in einem Fonds
$W_{index,i}$	Portfoliogewichtung des Assets i in einem Index
$\%$	Prozent
Σ	Summenzeichen

Abbildungsverzeichnis

Tabellenverzeichnis

1 Einleitung

Der von niedrigen Zinsen und volatilen Aktienkursen geprägte Finanzmarkt stellt für den privaten Anleger nach wie vor eine große Herausforderung dar, insofern als er sich hier mit der Entscheidung konfrontiert sieht, wie sein Geld am lukrativsten anzulegen sei.

Hinsichtlich einer eindeutigen Handlungsempfehlung herrscht Uneinigkeit im Diskurs zwischen Medien, Wissenschaftlern und Praktikern der Branche. Insgesamt lassen sich hier zwei Investmentstrategien herausstellen, die in diesem Kontext als Lösungsvorschlag zur Diskussion stehen. Auf der einen Seite wird hier der Ansatz der aktiven Vermögensverwaltung ins Feld geführt. Kennzeichnend für diesen sind aktiv gemanagte Investmentfonds, die eine hohe Rendite versprechen und den Privatanleger somit zu vermeintlich schnellem Reichtum führen sollen. Ziel des Ansatzes ist es, eine Rendite zu erwirtschaften, die größer ist als die der zugrundeliegenden Benchmark. Der Umstand, dass dies in der Vergangenheit nur den wenigsten Investmentfonds geglückt ist, schlägt sich in dem negativen Ruf nieder, der der Branche seither zunehmend anhaftet.

Gründe für diese Entwicklung sind meist in dem fehlenden Manager Skill zu sehen oder in zu hohen Kosten, aber auch der Trend zu Finanzprodukten, die einen genau gegenteiligen Ansatz verfolgen, so genannte Indexprodukte. Dieser Ansatz wird auch als „passives Investieren" oder „Indexing" bezeichnet, wobei hier im Allgemeinen das Replizieren eines Indexes z.B. in Form eines ETFs gemeint ist. Diese Finanzprodukte sind vergleichsweise günstig und erzielen eine Rendite knapp unterhalb der Benchmark. Studien belegen, dass passive Indexprodukte den meisten aktiven Investmentfonds überlegen sind und dass der Privatanleger nicht in der Lage ist, die wenigen Investmentfonds ausfindig zu machen, die eine Überrendite erwirtschaften können. Dennoch profitieren viele Privatanleger nach wie vor von den aktiv gemanagten Investmentfonds (Evensky, Pfeiffer 2011).

Doch wieso ist das so? Wieso investieren so viele private Anleger immer noch überwiegend in Investment- statt in Indexfonds? Eine mögliche Antwort hierauf liefert Grubers „Investment Puzzle", das sich mit dem vermeintlich irrationalen Verhalten von Privatanlegern befasst. Grubers Argumentation liegt hier im Wesentlichen der These zugrunde, dass sich die zukünftige Performance zum Teil aus der vergangenen prognostizieren lässt. Dies sei möglich, da der Preis, zu welchem Investmentfonds ge- und verkauft werden, gleich dem Nettoinventarwert (NAV) ist und sich nicht ändert, um überdurchschnittliches Management zu reflektieren. Dieser Umstand scheint einer Gruppe von erfahrenen Investoren bekannt zu sein, was sich aus der Tatsache ergibt, dass der Cashflow des neuen Geldes aus den Investmentfonds den Prädiktoren der zukünftigen Performance folgt. Dementsprechend ist Manager Skill nicht eingepreist und Investoren können ein Schnäppchen durch die Auswahl von unterbewerteten Fonds machen, die eine Überrendite versprechen (Gruber 1996).[1]

Da viele Anleger weiterhin auf aktives Management setzen, stellt sich hier die Frage nach der optimalen Fondsselektion, also der Frage danach, welche Fonds auszuwählen seien, die die Benchmark zu übertreffen in der Lage sind. Eben solche Fonds werden oft von Fondsmanagern versprochen. Anleger müssten dementsprechend diese Versprechen einschätzen können, da auf Grundlage dieser sowie aller anderen ihnen zur Verfügung stehenden Informationen wie z.B. Style, Kosten, Turnover, etc. zu einer wohlfundierten Entscheidung gelangt werden soll (Ingersoll et al. 2007). Ob ein Fonds überhaupt die entsprechende Benchmark übertrifft, ist von verschiedenen Faktoren abhängig, wie beispielsweise davon, ob man Aktien hält, die nicht im Marktportfolio enthalten sind (Morningstar 2016).

Aufsichtsbehörden und Verbraucherschützer warnen bereits seit mehreren Jahren davor, dass viele Aktienfonds zu einem großen Teil den heimischen Standard Index abbilden könnten. Dies geschehe vor allem zu Lasten der Anleger, die sich ein aktiv gemanagtes Finanzprodukt anschaffen, für das sie zum Teil hohe jährliche Gebühren zahlen. In den Medien wird dies als „verkappte Index-Tracker" oder – wissenschaftlich ausgedrückt – als „Closet Indexing" bezeichnet. Dieses Vorgehen vieler Investmentfonds wird durch zahlreiche Studien gestützt, die herausstellen, dass aktive Fondsmanager im Allgemeinen nicht die Fähigkeit besäßen, eine Überrendite gegenüber der jeweilig zu Grunde liegenden Benchmark zu erzielen (Uleer 2015).

Abhilfe konnte das im Jahr 2006 von Cremers und Petajisto eingeführte Maß „Active Share" schaffen, welches den Aktivitätsgrad eines aktiv gemanagten Fonds misst. Auf diese Weise können Anleger feststellen, ob es sich bei einem Fonds um einen verkappten Index-Tracker (Fondspositionen haben große Überlappungen

---

mit dem Benchmark Index) oder um einen „echten" aktiv gemanagten Fonds handelt (Cremers, Petajisto 2009). Cremers und Petajisto kommen zu dem Ergebnis, dass Fonds mit einem hohen Active Share ihre Benchmark signifikant und persistent, nach Abzug von Kosten und Gebühren, schlagen, während Fonds mit einem niedrigen Active Share ihre Benchmark underperformen. Dieses Ergebnis von Cremers und Petajisto und damit auch der Active Share im Allgemeinen ist in der Literatur auf Widerstand gestoßen. Zwar wird der Active Share zunehmend von Anlegern bei der Auswahl von Managern für den aktiven Teil ihrer Aktienallokation herangezogen. Jedoch sind sich Experten mittlerweile darüber uneinig, inwieweit das Maß Active Share im Rahmen der Portfolioallokation und als Prädiktor für zukünftige Performance überhaupt einen Nutzen hat (Franzen, Georgiou 2015).

Auf dieser Grundlage soll die vorliegende Arbeit untersuchen, inwieweit die Ergebnisse von Cremers, Petajisto (2009) replizierbar sind. Hierzu wird eine Stichprobe von 867 zufällig ausgewählten US-amerikanischen Investmentfonds einer Analyse nach dem Framework von Cremers, Petajisto (2009) unterzogen. Im späteren Verlauf dieser Analyse werden verschiedene Fondsgruppen, die nach der Höhe des Active Shares und des Tracking Error eingeteilt wurden auf die Performance hin untersucht und mit Cremers, Petajisto (2009) und anderen Studien verglichen. Zusätzlich untersucht die vorliegende Arbeit das idiosynkratische Risiko und soll schließlich die Frage beantworten, ob die Fonds mit dem höchsten Active Share auch eine risikoadjustierte Rendite erzielen.

Gemäß dieser Zielsetzung ergibt sich der Aufbau der vorliegenden Arbeit wie folgt: Zunächst wird eine Abgrenzung zwischen aktiver und passiver Investmentphilosophie vorgenommen. In einem nächsten Schritt wird sich diese Arbeit mit dem Konzept des aktiven Managements befassen sowie in diesem Rahmen insbesondere damit, wie dieses gemessen bzw. evaluiert werden kann. Sodann wird auf die mit dem aktiven Management verbundenen Risiken eingegangen, gefolgt von dem aktuellen Forschungsstand hinsichtlich des Active Shares. Kapitel 4 enthält die empirische Analyse der Arbeit. Eine Darstellung der Ergebnisse und ein Vergleich mit anderen Studien erfolgt in Kapitel 5. Das Ende der vorliegenden Arbeit bildet schließlich ein Fazit, welches die Kerngedanken der hiesigen Ausführungen zusammenfassend darstellt.

2 Aktive vs. Passive Anlagephilosophie

Gegenstand des vorliegenden Kapitels ist zunächst eine Erläuterung der beiden grundlegenden Anlagephilosophien. In diesem Rahmen werden insbesondere Vor- und Nachteile der jeweiligen Strategie kenntlich gemacht sowie die diesbezüglich vorherrschende Ansicht der Literatur.

Wie bereits angedeutet, lassen sich zwei verschiedene Möglichkeiten der Investition voneinander differenzieren: der passive und der aktive Investmentansatz. Der passive Ansatz, das „Indexing", verfolgt die Strategie, einen Index (Marktportfolio) zu replizieren und eine Rendite zu erzielen, die abzüglich der Kosten, nur knapp unterhalb der Rendite des Marktes liegt (Fama, French 2010). Die bekanntesten Indexprodukte sind ETFs (Exchanged-Traded Funds), die einen Aktienindex nachbilden und zumeist mit dem Ansatz des passiven Investierens assoziiert werden. Daneben gibt es noch weitere Indexprodukte, die andere Anlageklassen replizieren, wie z. B. Anleihen (ETNs) oder Rohstoffe (ETCs), denen private Anleger aus Gründen der geringeren Popularität zumeist weniger Beachtung schenken (Weiss 2014).

ETFs sind dementsprechend ein Korb von Wertpapieren (Aktien), der wie einzelne Aktien über einen Broker an der Börse gehandelt werden kann. Anteile von ETFs werden mit anderen Anlegern gehandelt, die auch über einen Broker am Handel teilnehmen, was zu einer möglichen Reduzierung der Transaktionskosten führen kann. Zudem macht ein ganztägiger Handel die ETFs flexibler, als dies vergleichsweise bei Open-End-Investmentfonds der Fall ist, bei denen Anleger bis zum Ende des Tages warten müssen, um Aktien direkt von einer Investmentgesellschaft kaufen oder Aktien an diese verkaufen zu können (Ferri 2009).[2] Bei der Anlagestrategie beim passiven Investieren handelt es sich zumeist um eine klassische Buy-and-Hold Strategie, die im Allgemeinen einen langfristigen Anlagehorizont seitens des Anlegers suggeriert (Poterba, Shoven 2002). Nach Kommer (2015 a) ist passives Investieren nicht gleichzusetzen mit der Verwendung von Indexfonds. Vielmehr sei es eine approximative Nachbildung des Marktes. Eine vollständige Nachbildung des Marktes unter Einbeziehung der Transaktionskos-

---

[2] Für die vorliegende Arbeit werden die Begriffe Investmentfonds bzw. ETFs stellvertretend für den aktiven bzw. passiven Investmentansatz stehen, um eine bessere Stringenz der Argumentation zu gewährleisten. Dabei ist anzumerken, dass mit der Verwendung des Begriffes Investmentfonds „Open-End Mutual Funds", zu Deutsch „Publikumfonds" gemeint sind.

ten sei hierbei nicht sinnvoll. Vor allem die Kosten sind es, in denen ein Vorteil gegenüber dem aktiv gemanagten Fonds zu sehen ist. Studien von Gruber (1996) und Malkiel (2003 a) beispielsweise zeigen, dass die Kostenquote bei aktiv gemangten Fonds im Durchschnitt bei 113 bzw. 120 Basispunkten pro Jahr liegt. ETFs hingegen sind durch ihren Verzicht auf ein aktives Fondsmanagement deutlich günstiger (Dentlinger 2015). Jedoch zeigen anderen Studien wiederum, dass Privatanleger, die sich für ein Indexprodukt entscheiden, oftmals nach Selektionsmerkmalen der Kosten und Diversifizierung, nicht in der Lage sind, die besten ETFs auszuwählen (Bhattacharya et al. 2014).

Die wesentlichen Unterschiede zwischen ETFs und Investmentfonds hat Ferri (2008) in vier Punkten zusammengefasst.

1. Im Falle von Investmentfonds ist einzig die Investmentgesellschaft Käufer und Verkäufer. Einzelne ETF-Anteile werden hingegen von anderen Investoren an einer Börse gekauft und verkauft.

2. Investmentfondsanteile werden einmal pro Tag zu ihrem NAV berechnet, der Intraday-Wert eines ETFs hingegen wird alle 15 Sekunden geschätzt. Dies ist nicht der Preis, zu dem der Handel eines ETFs erfolgt. Vielmehr werden hierfür darüber hinaus Angebot und Nachfrage des Fonds zum Zeitpunkt des Handels als ausschlaggebend erachtet.

3. Das Settlement von Investmentfondsanteilen ist der nächste Geschäftstag, während die Abwicklung der ETF-Anteile drei Geschäftstage dauert.

4. Die Marktbezeichnung für Investmentfonds (hier Open-End-Fonds) sind immer fünf Buchstaben, mit einem X als letzten Buchstaben, während ein ETF in der Regel durch drei oder – abhängig von der jeweiligen Börse – gelegentlich auch durch vier Buchstaben gekennzeichnet wird.

In den letzten Jahren haben ETFs in der Finanzwelt stark an Zuwachs und Bekanntheit gewonnen. Dennoch sind der ETF Markt und die damit verbundenen „Assets under Management" vergleichsweise klein gegenüber den aktiv gemanagten Investmentfonds (Hunter et al. 2013). Ende des Jahres 2014 sind beispielsweise weltweit 33,4 Billionen US-Dollar in Investmentfonds investiert worden (Investment Company Institute 2015). ETFs hingegen konnten zwar ein rasantes Wachstum hinlegen, wonach im Zeitraum von 2004 bis 2014 mehr als 1,4 Billionen US-Dollar in ETF-Anteile investiert wurden (Investment Company Institute 2015), dennoch betrug das verwaltete Vermögen in ETFs nur ca. 2,6 Billionen US-Dollar (siehe Abbildung 5 im Anhang). Diese Relation suggeriert nach wie vor den weltweiten Stellenwert von aktiv gemangten Investmentfonds, obwohl hinlänglich Belege dafür bestehen, dass die meisten Investmentfonds es nachweislich nicht schaffen, ihre Benchmark nach Kosten zu schlagen (siehe z. B. Jensen 1968; Elton et al. 1993; Carhart 1997; Malkiel 2003 a; Fama, French 2010). Das bedeutet, dass die Nettorenditen der allermeisten Investmentfonds niedriger sind als die der passiven Fonds. Dementsprechend kann die Underperformance das schnelle Wachstum der aktiven Investmentfondsindustrie in den vergangenen Jahrzehnten nicht rechtfertigen und erst recht nicht erklären. Doch weshalb investieren immer noch so viele Anleger in Investmentfonds, wenn diese im Durchschnitt im Vergleich zu passiven Anlagevehikel bzw. ETFs underperformen?

In der Literatur ist dieses Verhalten bereits hinlänglich untersucht worden. Insbesondere hat man eine Erklärung für dieses zu geben versucht. Hierfür scheinen allem voran die diesbezüglichen Ausführungen von Gruber (1996) einschlägig zu sein. Grubers zentrales Argument lässt sich wie folgt rekonstruieren: Wenn Investmentfonds zum NAV gekauft werden, ist der Management Skill nicht eingepreist, und dies sei letztlich der Grund dafür, weshalb Anleger sich für die Investition in Investmentfonds entscheiden. Ferner geht Gruber hier von einer gewissen Prognostizierbarkeit aus: Aus der Vorhersehbarkeit der Performance lässt sich durch die gleichen Metriken wiederum eine Vorhersehbarkeit von Cashflows in und aus Investmentfonds ableiten. Falls Prädiktoren existieren und zumindest einige Anleger ihr Investitionsverhalten nach diesen Prädiktoren ausrichten, dann sollte die Rendite in Bezug auf neue Investitionsströme besser sein, als die durchschnittliche Rendite für alle Anleger in diesem Fonds. Dass dies zum Teil theoretisch möglich ist, zeigte unter anderem auch die Studie von Zheng (1999).

Es gibt daneben auch weitere Erklärungen für diese beobachtete Tendenz zu Investmentfonds. Sun et al. (2009) bspw. setzten sich mit der Frage auseinander, ob aktivere Fonds, die eine Absicherung gegen das Down Side Risiko bieten, eine bessere Rendite während eines Abwärtsmarktes erzielen. Ihre Untersuchungen stützten eben jene These: Sie fanden heraus, dass die aktivsten Fonds, die am wenigsten aktiven Fonds um 4,5 bis 6,1 Prozent pro Jahr in einem Abwärtsmarkt, nach Bereinigung von Gebühren und Risiken, übertreffen (Sun et al. 2009).[3] Die

---

[3]   Für einen Aufwärts- bzw. Bullenmarkt zeigen die Ergebnisse, dass die aktivsten Fonds underperformen. Zudem sei an dieser Stelle erwähnt, dass der Aktivitätsgrad der Fonds mit dem Active Share berechnet wurde, auf den in Kapitel 3 noch näher eingegangen wird.

Autoren vermuten, dass Investoren bereit sind, höhere Gebühren zu zahlen, um eine solche Absicherung zu erhalten, die wiederum eine leichte Underperformance während einer normalen Marktlage haben. Eine weitere mögliche Erklärung könnte schlicht darin zu sehen sein, dass immer noch viele Anleger ETFs nicht kennen. Das liegt vor allem daran, dass die Finanzbranche und zum Teil auch die Medien das Thema „kostengünstiges Investieren durch passive Produkte" systematisch abblocken, da sich mit ETFs im Gegensatz zu aktiv gemanagten Fonds nur sehr wenig Geld verdienen lässt. Schätzungsweise würde die komplette Finanzindustrie 500 Mrd. € an risikolosen Einnahmen verlieren (Kommer 2015b).

Vor diesem Hintergrund wird nicht selten die allgemeine Rationalität und insbesondere die finanzielle Intelligenz privater Anleger in Frage gestellt. Insgesamt lässt sich ein etwaiges Fehlverhalten an folgenden Merkmalen ausmachen: Privatanleger tendieren nicht nur weiterhin eher zu aktiv gemanagten Fonds anstatt zu passiven Fonds, sie handeln auch zum Nachteil ihrer Performance (Barber, Odean 2000), sie handeln zyklisch (kaufen wenn es teuer ist und verkaufen wenn es günstig ist)[4], haben schlechtes Market Timing bzgl. ihrer Investitionsentscheidungen (Friesen, Sapp 2007) und sie können, falls sie sich für passive Indexprodukte entscheiden, nicht die besten und kostengünstigsten Produkte auswählen (Bhattacharya et al. 2014).[5]

Anleger sind allerdings durchaus in der Lage, aus diesem Fehlverhalten zu lernen und somit künftig eine bessere Investmentperformance zu erzielen (Nicolosi et al. 2008).

Aus den bisherigen Ausführungen wird deutlich, dass, auch wenn aktiv gemanagte Investmentfonds durchschnittlich schlechter als passive Indexprodukte sind, Investmentfonds nach wie vor diejenige Anlagestrategie sind, für die sich Anleger überwiegend entscheiden. Dieser Entscheidung liegt die Intention zugrunde, einen der wenigen aktiv gemanagten Investmentfonds auszuwählen, die ihren Benchmark Index übertreffen. Das Schlagwort der Fondsselektion spielt in die-

---

[4] Odean (1998) und Barber, Odean (1999) fanden heraus, dass einzelne Investoren eher in Aufwärtsmärkte als in Abwärtsmärkte investieren.

[5] An dieser Stelle wurde nur beispielhaft auf einige Investmentfehler von privaten Anlegern eingegangen.

sem Zusammenhang folglich eine entscheidende Rolle.[6] Es werden Fondsmanager gesucht, die es persistent durch Skill, und nicht etwa durch Glück, schaffen, eine positive risikoadjustierte Überrendite zu erzielen, was sich bekanntlich als ziemlich schwierig herausgestellt hat (Fama, French 2010).[7]

Nach der Markteffizienztheorie von Fama (1970) ist eine Überrendite, also das Schlagen des Marktes nur möglich, wenn die Märkte nicht effizient bzw. nicht vollkommen effizient sind und dementsprechend nicht alle verfügbaren öffentlichen Informationen unmittelbar in die Aktienkurse einfließen. Nach Ansicht von Malkiel wird es stets zu rationalem Fehlverhalten der Anleger kommen. Es können also stets Preisfehler, Unregelmäßigkeiten bzw. Anomalien und sogar vorhersehbare Aktienrenditemuster im Laufe der Zeit auftreten und auch für kurze Zeit bestehen bleiben (Malkiel 2003 b). Darüber hinaus kann der Markt nicht vollkommen effizient sein, sonst gäbe es keinen Anreiz für Profis, die Informationen, die sich so schnell in den Marktpreisen widerspiegeln, aufzudecken, was vor Jahrzehnten bereits von Grossmann und Stiglitz (1980) betont wurde. Denn obwohl die Investmentfonds im Durchschnitt enttäuschende risikoadjustierte Renditen liefern, dokumentiert die Literatur eine große Querschnittsvariation bei der Fondsperformance. Kacperczyk et al. (2005) argumentieren, dass sich Fondsmanager entscheiden können, von einem gut diversifizierten Portfolio bzw. indexnahen Portfolio abzuweichen und ihre Bestände in Branchen zu konzentrieren, in denen sie über informative Vorteile verfügen, um so eine Überrendite zu erzielen.

Dies suggeriert, dass Fondsmanager eine aktive Strategie wählen müssen, um eine Überrendite zu erzielen. Jedoch ist in den letzten Jahren bekannt geworden, dass eine wachsende Zahl an Fondsmanagern passive Strategien verfolgen und ihre Investitionen mit einem bestimmten Index verknüpfen. Die Mehrheit behauptet jedoch immer noch, dass sie den Anlegern einen Mehrwert verschaffen können, indem sie ihre Portfolios aktiv verwalten (Hunter et al. 2013). Abhilfe für

---

[6] Jüngere Studien zeigen, dass es eine kleine Gruppe von Fondsmanagern gibt, die Stock Picking Skills haben (siehe Baks et al. 2001; Cohen et al. 2005; Kacpercyzk et al. 2005; Kosowski et al. 2006; Avramov, Wermers 2006; Kacperczyk, Seru 2007; Mamaysky et al. 2008; Cremers, Petajisto 2009).

[7] Es gibt einige Studien, die Persistenz in Bezug auf die Performance feststellen (z. B. Grinblatt, Titman 1992; Hendricks et al. 1993; Brown, Goetzmann 1995; Elton et al. 1996), dennoch existieren viele Studien, die keine bzw. nur schwache Performance Persistenz nach Einbezug von „Momentum" finden und dessen Ergebnisse empfindlich auf die angewandte Methodik reagieren (z. B. Carhart 1997; Busse et al. 2010; Fama, French 2010).

diese Problematik hat die Kennzahl Active Share geschaffen, welche auch für die Fondsselektion herangezogen werden kann. Bei Betrachtung der aufgeführten Arbeiten, die eine kleine Gruppe von outperformenden Fonds identifizieren[8], kann eine gemeinsame Überlegung abgeleitet werden, nämlich dass die Fonds, die ihre Benchmark übertreffen, im Wesentlichen andere Positionen in ihrem Portfolio haben als die zugrunde liegende Benchmark (Cremers, Pareek 2016). Demnach scheint besonders die Arbeit von Cremers und Petajisto (2009) darauf hinzudeuten, dass Investmentfonds, deren Positionen sich am meisten von ihren Benchmarks unterscheiden, dazu neigen, ihre Benchmarks nach Abzug von Kosten zu übertreffen. Diese Aussage beschreibt das Konstrukt des Active Shares, welches unter anderem als eine Kennzahl des aktiven Managements im nächsten Kapitel näher erläutert werden wird.

---

[8]   Siehe z. B. Cohen et al. 2005; Kacperczyk et al. 2005; Mamaysky et al. 2008; Cremers, Petajisto 2009.

3 Aktives Management

Im nachfolgenden Kapitel sollen das aktive Management und dessen verschiedene Werkzeuge zur Evaluation sowie die Risiken, die mit dem aktiven Management verbunden sind, dargestellt werden. Dabei wird zunächst auf den Tracking Error und anschließend besonders auf den Active Share eingegangen werden, gefolgt von alternativen Möglichkeiten, die eine Bewertung des aktiven Managements ermöglichen. Der darauffolgende Abschnitt wird sich mit den Zusammenhängen und Wechselwirkungen der beiden genannten Maße, Tracking Error und Active Share, befassen. Kapitel 2.3 setzt sich sodann mit den Risiken auseinander, die bei Investitionen in Investmentfonds auftreten können, speziell bei Fonds, die einen besonders hohen oder aber einen besonders niedrigen Active Share aufweisen. Abschließend wird der wissenschaftliche Kenntnisstand zum Active Share dargestellt und Stellungnahmen von Praktikern und Wissenschaftlern hinsichtlich des Nutzens bzw. der Kritik herausgestellt und der Interpretationswert dieser Kennzahl diskutiert.

3.1 Instrumente zur Messung des aktiven Managements

Aktives Management wird gewöhnlich durch den Tracking Error im Verhältnis zu einem Benchmark Index definiert. Diese Bestimmung ist allerdings nicht in der Lage, den unterschiedlichen Ebenen des aktiven Managements, der Stock Selection und dem Factor Timing, in ausreichendem Maße Rechnung zu tragen. Das von Cremers und Petajisto (2009) entwickelte Maß des Active Shares soll diesem Problem begegnen, indem hier gerade auch jene Ebenen Berücksichtigung finden. Im Folgenden soll auf die hinter diesen jeweiligen Begrifflichkeiten stehenden Ideen eingegangen werden.

3.1.1 Tracking Error

Der Tracking Error, auch Tracking Error Volatilität genannt, ist die traditionelle Methode, um das aktive Management zu messen. Es stellt die Volatilität der Differenz zwischen einer Portfolio Rendite und ihrer Benchmark Index Rendite dar (Cremers, Petajisto 2009). Dementsprechend kann es auch als Maß für das passive Management, z. B. bei der Auswahl von ETFs, genutzt werden. Es misst in diesem Sinne die Qualität der Indexreplikation, d. h. wie gut ein Fondsmanager die Performance eines bestimmten Indexes nachbildet (Johnson et al. 2013).

Der Tracking Error spiegelt hingegen für das aktive Management das Risiko wieder, welches ein Fondsmanager bewusst eingeht, um eine Rendite zu erzielen, die höher ist als die des Benchmark Indexes. Das bedeutet, dass nur dann eine Überrendite erzielt werden kann, wenn ein Fondsmanager ein höheres Risiko eingeht, was wiederum einen höheren Tracking Error implizieren würde. Jedoch missfällt einigen Anlegern diese Art des eingegangen Risikos, um die Rendite zu erhöhen, so dass oftmals ein maximaler Tracking Error Wert für das Portfolio gesetzt wird. Somit kann der Tracking Error entweder ein Investmentziel oder eine Investitionsbeschränkung sein (El-Hassan, Kofman 2003). Insbesondere da Fondsmanager oftmals von einer leistungsbezogenen Vergütung profitieren und dem Anreiz ausgesetzt sind, mehr Risiken einzugehen, werden durch den Tracking Error Volatilitätsbegrenzungen gesetzt (Jorion 2003). El-Hassan und Kofman (2003) haben zwei separate Interpretationen des Tracking Errors für die beiden entgegengesetzten Investmentansätze erarbeitet:

1. Auf der einen Seite steht hier eine passive Strategie, die so weit wie möglich ein Index- oder Benchmark-Portfolio durch Minimierung des Tracking Errors des replizierenden Portfolios reproduzieren will.

2. Auf der anderen Seite steht hier eine aktive Strategie, die einen Index- oder Benchmark- Portfolio übertreffen will, während sie innerhalb bestimmter Risikogrenzen liegt, die durch die Benchmark definiert sind.

Die übliche mathematische Definition des Tracking Errors, so wie sie auch Cremers, Petajisto (2009) verstehen, lautet

$$Tracking\ error = stdev\big(R_{fund} - R_{index}\big), \qquad (1)$$

wonach die zeitliche Standardabweichung der Renditen auf die aktiven Positionen $(R_{fund} - R_{index})$ gemessen wird.

Intuitiv misst der Tracking Error die Volatilität des Fonds, die nicht durch Bewegungen der zugrunde liegenden Benchmark des Fonds erklärt wird (Petajisto 2013). Ein niedriger Tracking Error deutet auf eine stärkere Kontinuität in den periodischen Abweichungen zwischen der Rendite des Fonds und dem seiner Benchmark hin. Anders ausgedrückt: Je höher der Tracking Error eines Fonds ist, desto wahrscheinlicher ist es, dass der Fonds in jeder Periode seine Benchmark out- oder underperformt (Johnson et al. 2013). Aus dem Tracking Error lässt sich auch die Information Ratio berechnen, mit dessen Hilfe der Skill eines Managers beurteilt werden kann, indem man die Differenz der Überrendite und Benchmarkrendite auf den Tracking Error bezieht (Söhnholz et al. 2010). Zusammenfassend zielt der typische aktive Fondsmanager auf eine erwartete Rendite ab, die höher als die der Benchmark ist, aber gleichzeitig einen niedrigeren Track Error haben soll, um das Risiko einer signifikanten Underperformance gegenüber der Benchmark zu minimieren (Backman et al. 2015).

Traditionell wurde lange Zeit der Tracking Error verwendet, um die Aktivität eines Fondsmanagers zu messen. Wie bereits oben angedeutet, bedeutet ein niedriger Tracking Error eine kleine Differenz zwischen Fonds und Benchmark, wohingegen ein hoher Tracking Error ein bewusstes Abweichen von der Benchmark seitens des Fondsmanagers suggeriert (Masarwah 2014). In diesem Zusammenhang weist der Tracking Error einige Limitationen bzw. Probleme auf. Für Investoren ist ein wesentliches Problem die mit dem Tracking Error verbundene Akzeptanz, dass die Benchmark der richtige Referenzpunkt für die Messung der Volatilität ist (Stabler 2015). Zudem ist der Tracking Error nur ein eindimensionales Maß, wenn es um die Erfassung des aktiven Managements geht, da Investmentfonds, die nur die aktive Strategie des Stock Pickings verfolgen, typischerweise einen niedrigeren Tracking Error aufweisen als Investmentfonds, die versuchen, mit „Sektor-Wetten (Factor Bets)" ihren jeweiligen Vergleichsindex zu schlagen. Diese Limitation des Tracking Errors führt dazu, dass aktive Manager einen niedrigen Tracking Error erzeugen und somit hinsichtlich einer Bewertung des aktiven Managements zu Fehleinschätzungen kommen (Masarwah 2014). Aus diesem Grund rückt ein relativ neues Messverfahren, das gleichermaßen einfach wie naheliegend ist, zunehmend in den Vordergrund, welches im nächsten Teilabschnitt ausführlich erläutert wird: der Active Share.

3.1.2 Active Share

Wie eingangs bereits erwähnt, wurde der Active Share von Cremers und Petajisto im Jahr 2006 als neues Maß zur Bewertung des aktiven Portfoliomanagements eingeführt. Als solches gibt er den Anteil des Bestandes eines Portfolios an, der von der Benchmark bzw. vom Index abweicht (Cremers, Petajisto 2009). In ihrer ersten Publikation aus dem Jahr 2006 berechneten die beiden Forscher den Active Share für US amerikanische Investmentfonds im Zeitraum von 1980 bis 2003. Sie kategorisierten Active Shares anhand von Fondseigenschaften wie Größe, Kosten und Turnover im Querschnitt und prüften die Ergebnisse über die genannte Periode.

Nach den Erkenntnissen von Cremers und Petajisto (2009) kann der Active Share als Prognoseinstrument für die Fondsperformance herangezogen werden. Demnach outperformen Fonds mit den höchsten Active Shares signifikant ihre Benchmark, sowohl vor als auch nach Kosten, und sollen zudem eine hohe Performance Persistenz besitzen. Die keinen Index replizierenden Fonds mit den geringsten Active Shares underperformen hingegen ihre Benchmark. Die Ergebnisse von Cremers und Petajisto sind bis heute Gegenstand der aktuellen Debatte. Detaillierter wird hierauf in Kapitel 2.4 eingegangen werden.

Im Allgemeinen gilt, dass ein Manager die Benchmark eines Fonds nur dann übertreffen kann, wenn er Portfoliopositionen einnimmt, die sich von der Benchmark unterscheiden. Die Fondsbeteiligungen bzw. Positionen können sich von den Benchmark Positionen auf zwei verschiedene Arten unterscheiden: Entweder durch die Aktienauswahl, also durch das so genannte Stock Picking oder durch Faktor Timing (oder schließlich auch durch beides). Die Aktienauswahl beinhaltet das Selektieren einzelner Aktien, von denen der Fondsmanager erwartet, dass sie nicht berücksichtigte Aktien (Positionen in der Benchmark) übertreffen (Cremers, Petajisto 2009). Faktor Timing, auch hinlänglich bekannt als taktische Asset Allokation, beinhaltet zeitveränderliche Wetten auf breite Faktor Portfolios, wie zum Beispiel die Übergewichtung bestimmter Sektoren der Wirtschaft, mit einer vorübergehenden Präferenz für Value Titel, und sogar die Wahl, einige Assets in bar zu halten anstatt in Aktien zu investieren (Petajisto 2013). Da viele Fondsmanager einen der Ansätze einem anderen gegenüber bevorzugen, ist nicht klar, wie man das aktive Management über alle Fonds quantifiziert (Cremers, Petajisto 2009).

Um die Idee des Active Shares nachzuvollziehen, sollte als Ausgangspunkt ein Long Short Portfolio angenommen werden. Da Investmentfonds fast niemals Short Positionen einnehmen, liegt deren Active Share immer zwischen Null und 100%.[9] Das bedeutet, dass der Active Share als der Teil bezeichnet werden kann, der sich vom Benchmark Index unterscheidet (Cremers, Petajisto 2009).[10] Für die Berechnung des Active Shares werden zunächst die Differenzen des absoluten

---

[9] Während Long-Only Portfolios einen Active Share von maximal 100% aufweisen können, wäre es bei Portfolios mit Short Positionen möglich, ein Active Share größer als 100% zu erreichen (Franzen, Georgiou 2015).

[10] Da Investmentfonds in der Regel keine Short Positionen einnehmen, wird im Folgenden in Bezug auf den Active Share nur von Portfolios mit Long Positionen ausgegangen.

Wertes zwischen den Gewichtungen der Wertpapiere in einem Portfolio und die Gewichtungen von Wertpapieren in der Benchmark berechnet. Danach werden alle Differenzen der im Portfolio befindlichen Titel aufsummiert und anschließend halbiert (Franzen, Georgiou 2015).[11]

Die formale Definition des Active Shares nach Petajisto und Cremers (2009) lautet

$$Active\ Share = \frac{1}{2} \sum_{i=1}^{N} \left| w_{fund,i} - w_{index,i} \right|. \qquad (2)$$

Interpretieren lässt sich der Active Share gemeinhin wie folgt: Nimmt er einen Wert von Null an, repräsentiert das Portfolio eine genaue Replikation des Vergleichsindexes.

Wenn der Active Share hingegen einen Wert von 100 Prozent annimmt, befindet sich im zu Grunde liegenden Portfolio und im Vergleichsindex kein identisches Wertpapier bzw. Bestandsposition (Franzen, Georgiou 2015).

Cremers und Petajisto arbeiten verschiedene Gründe für den Gebrauch des Active Shares heraus: Zunächst gibt er Informationen über das Potenzial eines Fonds an, seine Benchmark schlagen zu können. Schließlich kann ein aktiver Fondsmanager nur einen Mehrwert relativ zum Index schaffen, wenn er von diesem abweicht. Ein hoher Active Share ist dementsprechend als eine Art Bedingung für eine Outperformance der Benchmark anzusehen.

Zum anderen, da der Active Share ein eigenständiges Maß ist, kann er auch zusammen mit dem Tracking Error dafür verwendet werden, ein möglichst umfassendes Bild des aktiven Managements zu erhalten, sodass zwischen Aktienauswahl und Faktor Timing unterschieden werden kann. Der wesentliche konzeptionelle Unterschied zwischen den beiden Maßen besteht darin, dass der Tracking Error die Kovarianz Matrix der Renditen einbezieht und damit wesentlich mehr Gewicht auf korrelierte aktive Wetten setzt, während beim Active Share unabhän-

---

[11] Wenn man den absoluten Wert der Gewichtungsdifferenzen des Fonds außer Acht lassen würde, wäre diese Formel die einfache durchschnittliche Abweichung der Gewichtung des Fonds von seinem Benchmark Index. Untergewichtete Fonds würden durch übergewichtete Fonds aufgehoben werden, was zu einer durchschnittlichen Abweichung oder einem Active Share von Null für Long-Only Fonds führt. Die Verwendung des absoluten Wertes der Formel korrigiert dies, aber da die Übergewichte durch die Untergewichte ausgeglichen werden, könnte der Active Share bis zu 200% für einen Fonds mit Nullüberlappung gegenüber seiner Benchmark führen. Das Teilen durch zwei beseitigt die Wirkung dieses Doppelzählens (Schlanger et al. 2012).

gig von der Diversifizierung ein gleiches Gewicht auf alle aktiven Wetten gesetzt wird (Cremers, Petajisto 2009).

Um das aktive Management für alle Investmentfonds in den USA zu charakterisieren, haben Cremers und Petajisto (2009) jedem Fonds und jedem Zeitpunkt eine passive Benchmark separat zugewiesen, indem die Benchmark zugeordnet wurde, die den niedrigsten Active Share erzeugt. Zuerst bestimmten Cremers und Petajisto, wie viel und welche Art von aktivem Management jeder Fonds praktiziert. Sodann untersuchten sie, wie dies mit anderen Fondsmerkmalen wie Größe, Gebühren, Geldflüssen und vorherigen Renditen zusammenhängt.

Um die Entwicklung des aktiven Managements über einen gewissen Zeitraum hinweg zu erfassen, generierten sie Werte im Zeitraum von 1980 bis 2003 (Cremers, Petajisto 2009). Abbildung 1 zeigt diese Entwicklung zuzüglich der 6 Jahre, die Petajisto (2013) in seiner Studie ergänzt hat.

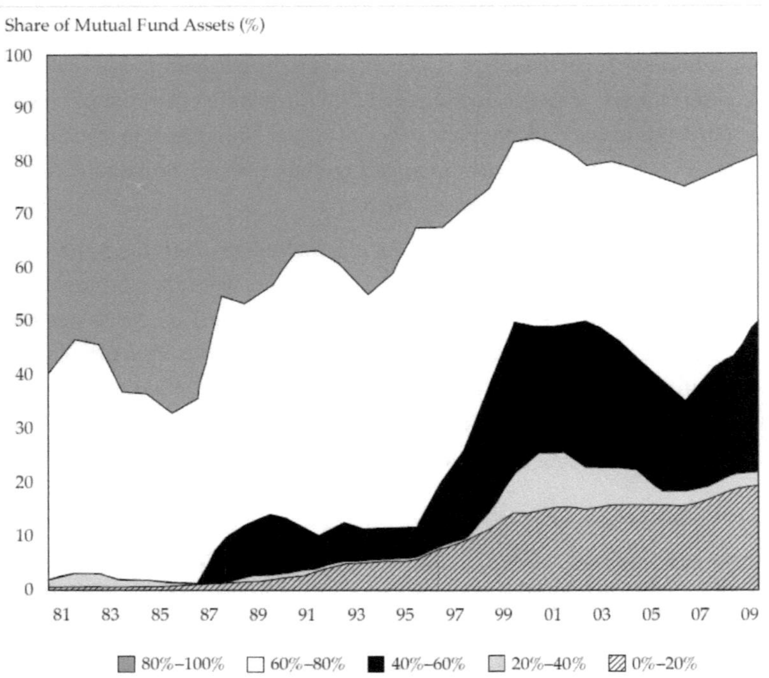

Abbildung 1: Veränderung der Active Shares von 1980-2009
Quelle: Vgl. Petajisto (2013), S. 81.

Demnach haben viele Investmentfonds ihre Aktivität im Durchschnitt in den letzten Jahren gesenkt. Gemessen an den Assets hatten die meisten Fonds einen Active Share von 80 bis 100%. Dieser Zustand hat sich bis 2009 extrem verändert. Die Gruppe der Active Share Fonds von über 80% macht nur ungefähr 20% der Fonds aus gemessen an den Assets. Die stärkste Entwicklung bzw. das größte Wachstum haben die Fonds mit einem Active Share zwischen 0 bis 20% zu verbuchen. Dies könnte auf die Popularität der Indexfonds oder aber auch auf vergangene Finanzmarktkrisen zurückzuführen sein. Zum Beispiel ist der Active Share in allen Gruppen nach der Dotcom Krise zurückgegangen, außer in der niedrigsten Gruppe. Dies lässt vermuten, dass Fondsmanager als Folge von Krisen vorsichtiger am Finanzmarkt agieren.

Cremers und Petajisto führen an, dass diese Methodik es ihnen erlaubt, die Performance der wirklich aktiven Fonds sowie der verschiedenen Arten der aktiven Fonds zu untersuchen, einschließlich der Fonds, bei denen in der Fondsliteratur typischerweise keine Unterscheidungen gegenüber Non-Indexfonds gemacht wurden (Cremers, Petajisto 2009). Dies bedeutet, dass der Active Share nicht nur ein Maß für die Aktivität des Fondsmanagements darstellen sollte, sondern auch ein Indikator für das prognostizierte Alpha sein könnte (Franzen, Georgiou 2015).

Auch wenn der Active Share ursprünglich für die Bestimmung des Aktivitätsgrades des Fondsmanagements entwickelt wurde, kann er zusätzlich verwendet werden, um die Angemessenheit verschiedener Benchmarks miteinander zu vergleichen und die Kontinuität der Anlagestrategie eines Portfolios im Laufe der Zeit zu überprüfen (Schlanger et al. 2012). Dieser Nutzen des Active Shares wurde jedoch erst später von Petajisto (2013) verdeutlicht. Ein Aktienportfolio kann in zwei Komponenten zerlegt werden: Ein passives Portfolio, das Wertpapiere in den gleichen Gewichtungen wie die Benchmark des Fonds (also ähnlich wie ein Indexfonds) hält, und ein aktives Portfolio, das Wertpapiere in Gewichten hält, die sich von der Benchmark unterscheiden, um eben diese zu schlagen. Der Active Share gibt den Prozentsatz eines Fonds an, der in das aktive Portfolio investiert ist. Daher kann er auch genutzt werden, um die Angemessenheit der Fonds-Benchmark gegenüber verschiedenen alternativen Indizes zu bewerten. Dementsprechend kann sich die Benchmark mit dem niedrigsten Active Share als eine gute Wahl für die zugrundlegende Benchmark des jeweiligen Fonds herausstellen (Schlanger et al. 2012).

Wie bereits angemerkt untersuchte Petajisto (2013) nur wenige Jahre später erneut den Active Share und kam zu sehr ähnlichen Erkenntnissen, wie bereits zuvor in Zusammenarbeit mit Cremers (2009). Ein wesentlicher Unterschied zwischen den beiden Studien bestand lediglich in dem untersuchten Zeitraum. Außerdem hatte Petajisto eine Vergrößerung der Stichprobe vorgenommen. Gegenstand der Untersuchung war insbesondere die Finanzkrise 2008/2009. Petajisto kam zu dem Ergebnis, dass auch während dieser Marktlage die aktivsten Stock Picker ihre Benchmark Indizes nach Kosten und Gebühren übertrafen, während Closet Indexer underperformten.[12] Zudem fand Petajisto (2013) heraus, das seit 2007 sowohl in volatilen als auch in den Bärenmärkten Closet Indexing zugenommen hat. Petajisto (2013) hat festgestellt, dass Closet Indexing seit 2007 zunehmend an Popularität gewinnt und derzeit rund ein Drittel aller Investmentfonds ausmacht. Im Laufe der Zeit ist das durchschnittliche Niveau des aktiven Managements niedrig, wenn die Volatilität hoch ist, vor allem im Querschnitt der Aktien, und wenn die jüngsten Marktrenditen niedrig waren, was auch die bisherige Spitze beim Closet Indexing in den Jahren 1999-2002 erklärt (Petajisto 2013).

Wie bereits zuvor herausgestellt, sind kostengünstige Indexfonds den durchschnittlichen aktiv verwalteten Investmentfonds überlegen. Dementsprechend sehen einige Forscher und Anleger die Gebühren und Kosten für ein aktives Management kritisch. Allerdings agieren nicht alle aktiven Fondsmanager gleich: Sie unterscheiden sich darin, wie aktiv sie sind und welche Art von aktivem Management sie praktizieren. Diese Unterscheidung erlaubt es, verschiedene Ausprägungen von aktiven Managern zu bewerten, was für die Investment Performance wichtig ist. Doch wann gilt ein Fondsmanager als aktiv?

Etwa 50% der Werte eines Indexes werden immer überdurchschnittliche Renditen erzielen und etwa 50% werden immer unterdurchschnittliche Renditen im Verhältnis zum Index erfahren.[13] Wenn also ein Manager mehr als 50% des Indexes hält (d. h. einen Active Share von weniger als 50%), können einige der Positionen nicht bestehen, da der Fondsmanager erwartet, dass sie den Index übertreffen. Diese Positionen bestehen nur, weil der Fondsmanager sein Risiko gegenüber

---

[12]   Closet Indexing bedeutet, in der Nähe des Benchmark Indexes zu bleiben, während behauptet wird, ein aktiver Fondsmanager zu sein und in der Regel Gebühren zu erheben, die denen von wirklich aktiven Fondsmanagern ähnlich sind (Petajisto 2013).

[13]   Das gilt nicht nur für Indizes, sondern auch für aktive Investmentfonds. Vor Kosten müssen von der Arithmetik her 50% der Fonds underperformen und 50% outperformen. Unter Einbeziehung der anfallenden Kosten für aktive Investmentfonds müssen dementsprechend deutlich mehr als 50% der Investmentfonds underperformen (Sharpe 1991).

dem Index reduzieren will, auch wenn dies bedeutet, dass die negativen Alpha Aktien im Portfolio enthalten sind (Petajisto 2013). Dieser Ansatz ist in der Regel das Gegenteil von dem, wofür Investoren im eigentlichen Sinne aktives Fondsmanagement bezahlen. In diesem Zusammenhang zeigten Treynor und Black (1973), dass, wenn Investoren sich sowohl einem aktiven Investmentfonds als auch einem passiven Indexfonds (ETF) zuwenden können, die höchstmögliche Sharpe Ratio erreicht werden kann, wenn der aktive Investmentfonds seine Information Ratio (definiert als Alpha pro Einheit des Tracking Errors) maximiert. Dementsprechend ist ein Active Share von 50% das theoretische Minimum, um sich selbst als aktiven Manager bezeichnen zu können.[14] Alles darunter ist im Wesentlichen eine Kombination aus einem aktiv gemanagten Fonds und einem Indexfonds (Petajisto 2013).

Weiterhin stellt Petajisto heraus, dass diese Grenze unabhängig von den tatsächlichen Überzeugungen des Managers sein sollte. Fondsmanager können zu sehr unterschiedlichen Schlussfolgerungen darüber kommen, welche Aktien wahrscheinlich outperformen werden. Daher sollte jeder Fondsmanager immer noch aktiv auf der Grundlage seiner eigenen Überzeugungen investieren und sich nicht zwangsläufig darauf konzentrieren, das Portfolio derart aufzubauen, dass es keine etwaigen Überschneidungen mit einer Benchmark gibt (Petajisto 2013).

In Anbetracht der ausführlichen Darstellung des Active Shares sollen alternative Maße zur Bewertung des aktiven Managements nicht unterschlagen werden. Daher werden im nächsten Abschnitt in kurzer und prägnanter Form weitere Maße des aktiven Managements vorgestellt.

3.1.3 Alternative Maße und Kennzahlen zum aktiven Management

Einige andere Studien haben ebenfalls das aktive Management und seine Auswirkungen auf die Fondsperformance untersucht. Ein weiteres Maß, welches dementsprechend auch zur Erfassung des aktiven Managements herangezogen werden kann, ist der Industry Concentration Index. Eingeführt wurde dieser Index von Kacperczyk et al. (2005), die die Branchenkonzentration von Investmentfonds untersuchten. Sie definieren den Industry Concentration Index wie folgt:

---

[14] Cremers, Petajisto (2009) gehen in ihrer Arbeit noch weiter und bezeichnen einen Fondsmanager als aktiv, wenn er einen Active Share von mindestens 60% erreicht.

$$Industry\ Concentration\ Index = \sum_{i=1}^{I}(\omega_{fund,i} - \omega_{index,i})^2. \qquad (3)$$

Hierbei sind $\omega_{fund,i}$ und $\omega_{index,i}$ die Gewichtungen der Industrie (Branche) i in dem Fonds und dem jeweiligen Index, zusammengefasst über I Industrie (Branche) Portfolios (anstatt von N einzelnen Aktien wie beim Active Share). Sie verwenden dabei den CRSP wertgewichteten Index als ihre einzige Benchmark.[15]

Ein grundsätzlicher Unterschied zwischen dem Active Share und dem Industry Concentration Index ergibt sich aus der Tatsache, dass letzterer quadratische Gewichte verwendet. Cremers und Petajisto (2009) führen drei Gründe an, weshalb sie in ihrer Studie den Active Share gegenüber dem Industry Concentration Index bevorzugen. Erstens habe der Active Share eine bequeme, wirtschaftliche Interpretation: Er benennt direkt den Prozentsatz eines Fonds, der sich vom Benchmark Index unterscheidet. Wenn die Gewichte quadriert sind, verliert der Zahlenwert diese Interpretation und ihr Hauptzweck besteht dann nur darin, Fonds relativ zu ordnen.

Zweitens haben verschiedene Fonds unterschiedliche Benchmark Indizes, dennoch kann der Active Share beim Vergleichen von zwei Fonds leicht angewendet werden: Ein 90% Active Share bedeutet im Wesentlichen dasselbe, unabhängig davon, ob es sich zum Beispiel bei der Benchmark um den S&P 500 (mit fünfhundert Aktien) oder dem Russell 2000 (mit zweitausend Aktien) handelt. Wenn die Gewichtungen quadriert werden, geht die Fähigkeit verloren, solche einfachen Vergleiche über Indizes zu machen, insbesondere weil mit wachsender Anzahl der Aktien auch dessen Bedeutung zunimmt. Beispielsweise wird ein Fonds mit dem Russell 2000 als Benchmark wahrscheinlich mehr Aktien in seinem Portfolio haben als ein Fonds mit dem S&P 500 als Benchmark, sodass das typische aktive Gewicht in einer Aktie kleiner wird und damit die Summe der Quadrate kleiner sein wird.

Drittens machen die quadratischen Gewichte den Industry Concentration Index zu einem Hybrid zwischen Active Share und Tracking Error.[16]

---

[15] Cremers, Petajisto (2009) verwendeten diese Benchmark auch unter anderem.

[16] Es wird angenommen, dass ein Fonds kein systematisches Risiko hat, abgesehen von einem Indexbeta von 1. Der Tracking Error ist dann gegeben durch:

Cremers und Petajisto (2009) führen eine weitere Kennzahl an, die zur Evaluierung des aktiven Managements herangezogen werden könnte: der Turnover des Portfolios. Die beiden Wissenschaftler führen an, dass dieses Maß für ihre Zwecke einige erhebliche Mängel aufweist und bei ihren Tests nur eine untergeordnete Rolle spielt. Obwohl der Portfolio Turnover eine Aktion, also den Handel durch den Fondsmanager impliziert, kann der Turnover an sich keinen Mehrwert für ein Portfolio generieren, das nur eine Position hält. Der Turnover misst nur die Häufigkeit der Revisionen in den aktiven Wetten des Managers (d. h. Positionen), jedoch misst er nicht die Wirksamkeit der Wetten selbst. Hierbei handelt es sich um zwei verschiedene Arten von Handlungen: Entweder mit dem Portfolio „arbeiten" oder Positionen halten, die sich deutlich von der Benchmark unterscheiden und somit eine Chance haben, outzuperformen oder underzuperformen. Die wissenschaftliche Arbeit von Cremers und Petajisto (2009) konzentriert sich auf die letztere Definition. Fondszuflüsse und -abflüsse können auch zusätzlichen Turnover generieren, der keine Aussagen über das aktive Management des Fonds zulässt. Wenn der Turnover als Maß für das aktive Management verwendet wird, können darüber hinaus weniger aktive Fonds einen Anreiz haben, unnötige Trades zu generieren, um dadurch aktiver zu erscheinen (Cremers, Petajisto 2009).

Auch Wermers (2003) hat sich dem aktiven Management und seinen Auswirkungen auf die Fondsperformance gewidmet. Dabei verwendete er ebenso wie Cremers und Petajisto (2009) den Tracking Error als Maß. Jedoch nutzte er den Tracking Error isoliert im Vergleich zum S&P 500. Ein weiteres Maß, das in diesem Zusammenhang einschlägig ist, ist „R^2" in Verbindung mit einem Multifaktor Modell, das von Amihud und Goyenko (2013) eingeführt wurde.

In ihrer Studie schlugen Amihud und Goyenko (2013) vor, dass die Fondsperformance durch R^2 vorhergesagt werden kann, welches aus einer Regression der

$$\sigma(R_{fund} - R_{index}) = \sigma\left(\sum_{i=1}^{N}(w_{fund,i} - w_{index,i})R_i\right) = \sqrt{\sum_{i=1}^{N}(w_{fund,i} - w_{index,i})^2\sigma^2_{\varepsilon j}}.$$

Wenn die Branchen bzw. Industrieportfolios eine ähnliche idiosynkratische Volatilität aufweisen, wird der Tracking Error etwa proportional zur Quadratwurzel des Industry Concentration Indexes sein. Um jedoch ein vollständigeres Bild des aktiven Managements zu erhalten, müssen die zwei Dimensionen getrennt voneinander quantifiziert werden. Cremers und Petajisto betonen, dass der Active Share und der Tracking Error zwei Maße zu sein scheinen, die sich gänzlich voneinander unterscheiden, um das aktive Management zielführend zu bewerten (Cremers, Petajisto 2009).

Renditen auf Basis eines Mutlifaktor Benchmark Modells gewonnen wird. Dabei soll ein niedrigeres R^2 eine größere Selektivität anzeigen und eine deutlich bessere Performance prognostizieren. Die Intention hinter der Arbeit und dem eingeführten Maß von Amihud und Goyenko (2013) beruht darauf, dass die meisten Maße zur Evaluierung des aktiven Managements Informationen über die Portfoliozusammensetzung der Investmentfonds und deren Benchmark Indizes benötigen (z. B. beim Active Share), die für viele Anleger schwierig zu ermitteln und zu berechnen sind. Darüber hinaus führen die Autoren an, dass das Benchmark Portfolio nicht immer genau definiert sei. Aus diesem Grund schlagen die beiden Forscher ein intuitives und leichter kalkulierbares Maß in Form von R^2 vor.

Das Maß ergibt sich, wie angemerkt, aus dem R^2 des Fonds, geschätzt durch die Regression der Renditen auf die Renditen eines Multifaktor Benchmark Modells. R^2 ist der Anteil der Fondsrenditenvarianz, der durch die Variation in diesen Faktoren erklärt wird. So bedeutet ein niedriges R^2, dass der Fonds sie weniger genau verfolgt. Die Selektivität wird dementsprechend durch $1 - R^2$ gemessen, wobei der Anteil der Fondsvarianz auf das idiosynkratische Risiko oder die Multifaktor Tracking Error Varianz zurückzuführen ist. Wenn Selektivität die Investmentfondsperformance erhöht, sollte sich dies negativ auf R^2 auswirken. Amihud und Goyenko (2013) fanden heraus, dass R^2 ein signifikanter Prädiktor mit einem negativen Koeffizienten des Alphas eines Fonds ist (die Überrendite aus einem Multifaktormodell). Dieses Ergebnis wird auch unter der Kontrolle der Fondsmerkmale, der Fondsperformance und des Styles erreicht. Außerdem identifizieren die Autoren eine R^2 basierte Strategie, die eine signifikante positive risikoadjustierte Überrendite erzielt. Bei der periodischen Sortierung von Fonds in Quintile durch ihre R^2 und Alphas gelangten sie zu dem Ergebnis, dass das Portfolio mit dem niedrigsten R^2 und dem höchsten Alpha ein signifikantes Alpha von 3,804% oder mehr in der Folgeperiode erzeugt, abhängig vom verwendeten Benchmark Faktor Modell (Amihud, Goyenko 2013).

Der Active Share und R^2 sind einander ähnlich. Sie sind die Summe der absoluten Abweichung der Aktienbestände der Fonds (Gewichtungen) von denen des Benchmark Index Portfolios und sind beides Maße der Fondsaktivität oder Selektivität. Daher lässt sich sagen, dass das Ergebnis von Amihud und Goyenko (2013), dass R^2 die Fondsperformance signifikant prognostiziert, mit den Ergebnissen von Cremers, Petajisto (2009) und Petajisto (2013) übereinstimmt. Jedes dieser Maße der Fondsaktivität hat seine eigenen Vorteile. R^2 ist einfach zu berechnen, mit Rendite Daten über Fonds und mit einer Reihe von Benchmark Indizes. Auf der anderen Seite hat der Active Share einen Vorteil gegenüber R^2, da, wie Cremers und Petajisto (2009) hervorheben, der Active Share keine historischen Renditen benötigt und zu jedem Zeitpunkt bestimmt werden kann, solange die Portfoliobestände bekannt sind.

Die Maße in diesem aufgeführten Abschnitt sind nur eine konkrete Auswahl von alternativen Maßen im Vergleich zum Active Share, denen in der Finanzliteratur weitere Beachtung geschenkt wurde.

3.2 Kombination von Tracking Error und Active Share

Wie oben bereits herausgearbeitet, eignen sich die Dimensionen Tracking Error und Active Share, um das aktive Management eines Investmentfonds zu beurteilen und vollständig zu erfassen. Der wesentliche konzeptionelle Unterschied zwischen den beiden Maßen liegt darin, dass der Tracking Error die Kovarianzmatrix der Renditen einbezieht und damit wesentlich mehr Gewicht auf korrelierte aktive Wetten setzt, während der Active Share unabhängig von der Diversifizierung ein gleiches Gewicht auf alle aktiven Wetten setzt.

Daher kann der Tracking Error als geeigneter Proxy für Faktor Wetten und Active Share für die Aktienauswahl gewählt werden (Cremers, Petajisto 2009). Mit diesen Proxys können die beiden Dimensionen des aktiven Managements veranschaulicht werden, wie in Abbildung 2 dargestellt.

In diesem Zusammenhang repräsentiert der Active Share den Teil der Portfoliopositionen, die sich vom Benchmark Index abgrenzen und sich als Stock Picking herausstellen. Der Tracking Error hingegen ist die Volatilität der Fondsrendite, die die Benchmark überschreitet, wobei dies als Wetten auf das systematische Risiko bezeichnet werden kann. Zudem zeigt Abbildung 2 die zusammenhängenden Gegebenheiten hinter der zweidimensionalen Klassifizierung von Fonds. Ein diversifizierter Aktienauswähler („Diversified Stock Picks") kann trotz seines geringen Tracking Errors sehr aktiv sein, da seine Aktienauswahl innerhalb der Industrie immer noch zu großen Abweichungen vom Indexportfolio führen kann.

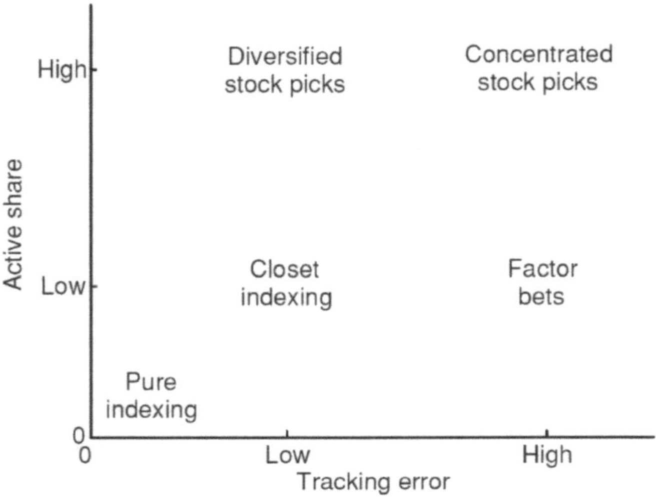

Abbildung 2: Unterschiedliche Kategorien des aktiven Managements
Quelle: Vgl. Cremers, Petajisto (2009), S. 3331.

Im Gegensatz dazu kann ein Fonds, der auf systematische Faktoren („Factor Bets") setzt, einen großen Tracking Error auch ohne große Abweichungen von Indexbeständen generieren. Ein „Concentrated Stock Picker" kombiniert die beiden Ansätze und nimmt so Positionen in wenigen einzelnen Aktien sowie in systematischen Faktoren ein. Ein „Closet Indexer" oder auch gemeinhin als „Indexschmuser" bezeichnet, hat sowohl einen niedrigen Tracking Error als auch einen geringen Active Share, beansprucht jedoch, als aktiv gemangter Investmentfonds bezeichnet zu werden (Cremers, Petajisto 2009).

Schließlich ist noch der reine Indexfonds als Vertreter des passiven Managements anzuführen, der sowohl einen Tracking Error als auch einen Active Share von nahezu Null aufweisen sollte. In diesem Zusammenhang ist ein hoher Active Share bei weitem nicht irrelevant, da ein Fondsmanager den Benchmark Index nur übertreffen kann, indem er von ihm abweicht, sodass dies ein unmittelbarer Hinweis auf die aktiven Bemühungen des Fondsmanagers ist. Umgekehrt hätte ein Fonds, der ausschließlich auf breite Faktor Portfolios setzt, aber nicht versucht, Aktien innerhalb solcher Portfolios auszuwählen, einen hohen Tracking Error und einen relativ niedrigen Active Share (Cremers, Petajisto 2009).

In ihrer Studie haben Cremers und Petajisto (2009) diese Arten des Fondsmanagements genutzt, um die untersuchten US Investmentfonds zu kategorisieren. Im

Querschnitt der Fonds finden die Wissenschaftler eine breite Streuung in beiden Dimensionen des aktiven Managements. Der Active Share eines einzelnen Fonds ist im Laufe der Zeit persistent. Im Einklang mit der populären Vorstellung sind kleine Fonds (Small Cap Fonds) eher aktiver als große Fonds (Large Cap Fonds). Allerdings ist die Wirkung wirtschaftlich klein und die Fondsgröße wird nur bedeutsam bei mehr als einer Milliarde US-Dollar an Vermögenswerten (Cremers, Petajisto 2009).

Die Kostenquote ist für Indexfonds viel niedriger, für die übrigen Fonds jedoch zeigt sie wenig Beziehung mit dem Active Share, was den Closet Indexer unverhältnismäßig teuer macht. Dennoch lässt sich zusammenfassen, dass ein hoher Active Share tendenziell zu einer höheren Gesamtkostenquote (TER) führt. (Cremers, Petajisto 2009).

Die Frage ist nun, wieso man den Active Share eines Fonds kennen sollte, wenn wir bereits seinen Tracking Error kennen. Die Begrenzung der Verwendung des Tracking Errors allein ist, dass verschiedene Arten von aktivem Management unterschiedlich wirken. Anders ausgedrückt: Das aktive Management ist kein eindimensionales Konzept und kann daher nicht durch ein eindimensionales Maß beschrieben werden (Cremers, Petajisto 2009).

Wie bereits erwähnt, gibt es zwei grundlegende Möglichkeiten, wie ein aktiver Fondsmanager seine Benchmark schlagen kann: zum einen durch das Stock Picking oder aber durch das Faktor Timing. Fama (1972) war ein früher Befürworter dieser Renditezerlegung, in Anlehnung an welcher eine große Anzahl wissenschaftlicher Arbeiten entstanden, darunter zum Beispiel die Performance Attributionsmethode von Brinson, Hood und Beebower (1986). Stock Picking bzw. Aktienauswahl bedeutet, dass Outperformende Aktien gewählt werden in Bezug auf ein Benchmark Portfolio mit ähnlichem Exposure gegenüber dem systematischen Risiko.

Während sich frühere Literatur weitgehend auf ex post Renditen und Performance-Attribution konzentriert hat, fokussieren Cremers und Petajisto (2009) sich auf die Quantifizierung eines ex ante Versuchs eines aktiven Managers, der sich entweder in der Aktienauswahl oder im Faktor Timing versucht. Um die Bemühungen eines Fondsmanagers in den beiden Dimensionen zu erfassen, ist die Verwendung zwei getrennter Maße erforderlich. Cremers und Petajisto empfehlen hier die Verwendung des Active Shares sowie des Tracking Errors (Cremers, Petajisto 2009).

Grundsätzlich konnten Cremers und Petajisto (2009) und auch Petajisto (2013) die Dimensionen des aktiven Managements vollständig aus Portfoliobeständen oder aus Portfoliorenditen messen. Factor Timing kann entweder mithilfe des Tracking Errors gemessen werden, welches auf Wetten auf das systematisches Risiko beruht oder mithilfe des Active Shares, berechnet über breite Faktor Portfolios. Das Stock Picking könnte entweder mit dem Active Share oder mit der übrigen Volatilität aus einer Multifaktor Regression der Fondsrendite auf eine Reihe von systematischen Faktor Portfolios (zur Erfassung aller Exposure gegenüber dem systematischen Risiko) gemessen werden (Cremers, Petajisto 2009).

Die Auswahl von Tracking Error und Active Share als Proxys für die beiden Dimensionen des aktiven Managements hat wesentliche Vorteile. Zum einen ermöglicht der Tracking Error, das Faktor Timing zu messen, ohne eine Entscheidung darüber zu treffen, wie die Fondsmanager zu jedem Zeitpunkt Faktor Portfolios definieren, wohingegen ein holding-basierter Ansatz solche Annahmen erfordern würde. Zudem ist der Tracking Error auch das in der Praxis bei weitem am häufigsten verwendete Maß, um aktives Management zu messen. Darüber hinaus erfordert der Active Share auch keine Annahmen über die relevanten Faktor Portfolios. Schließlich wird es als ein äußerst simples und intuitives Maß mit einer geeigneten wirtschaftlichen Interpretation bestimmt (Petajisto 2013).

Tabelle 1 zeigt die tatsächliche Verteilung von Active Share und Tracking Error über All-Equity-Fonds im Jahr 2009. Jede Zelle enthält die Anzahl der Fonds in dieser Gruppe. Zwischen Active Share und Tracking Error besteht eine positive Korrelation, besonders hervorzuheben sei an dieser Stelle allerdings insbesondere die unabhängige Variation in beiden Dimensionen. Zum Beispiel kann ein Fonds mit einem 4 bis 6% Tracking Error ein Active Share von unter 40 bis über 90% haben, ein Fonds mit einem Active Share von 60 bis 70% hingegen einen Tracking Error von unter 4% bis über 14%. Mithin ist die Verteilung breit genug, sodass auf Grundlage der beiden Maße eine geeignete Unterscheidung zwischen verschiedenen aktiven Managementstilen vorgenommen werden kann (Petajisto 2013).

Active Share (%)	Tracking Error (% per year)								
	0–2	2–4	4–6	6–8	8–10	10–12	12–14	>14	Total
90–100	0	0	6	36	66	47	44	87	285
80–90	0	0	35	83	67	55	35	50	326
70–80	0	7	56	62	63	33	17	19	257
60–70	0	22	85	60	25	13	5	6	216
50–60	0	24	49	25	14	4	2	0	120
40–50	2	28	20	6	3	0	0	0	61
30–40	4	14	9	2	0	0	0	0	30
20–30	0	3	0	0	0	0	0	0	5
10–20	5	3	0	0	0	0	0	0	8
0–10	70	0	0	0	0	0	0	0	73
Total	82	104	262	275	238	152	103	164	1,380

Tabelle 1: Verteilung der Investmentfonds anhand von Active Share und Tracking Error, 2009

Quelle: Vgl. Petajisto (2013), S. 76.

Die visuelle Darstellung suggeriert zudem die Möglichkeit, Investmentfonds in die zuvor definierten Kategorien des aktiven Managements einzuordnen. Cremers, Petajisto (2009), Petajisto (2013) oder auch andere wissenschaftliche Arbeiten nutzten diese Darstellungsform und leiteten Cutoffs zur Kategorisierung ab, um im späteren Verlauf ihrer Studien die Kategorien zu analysieren.[17]

Mit dem Konzept des aktiven Managements gehen allerdings auch einige Risiken einher, mit denen sich insbesondere die privaten Anleger konfrontiert sehen. Auf diese Risiken soll im Folgenden Kapitel eingegangen werden.

3.3 Risiken des aktiven Managements

Im Zusammenhang mit der Evaluierung bzw. der Messung des aktiven Managements in Bezug auf die Performance, spielen auch die Risiken eine wesentliche Rolle. In der wissenschaftlichen Literatur wurde vor allem den mit dem Active Share verbundenen Risiken oftmals nur wenig Beachtung geschenkt. Denn es lässt vermuten, dass ein hoher Active Share (größer als 60%) nur erreicht werden kann, wenn ein Fondsmanager bereit ist, erheblich mehr Risiko einzugehen. Diese Vermutung beruht auf der allgemeinen Erkenntnis, dass eine höhere Rendite normalerweise nur mit höherem Risiko erreicht werden kann. Dementsprechend ist es von großem Interesse, ob Investmentfonds mit einem hohen Active Share eine risikoadjustierte Überrendite erzielen können.

---

[17] In Abschnitt 4 wird in der vorliegenden Arbeit diese Form der Kategorisierung zur empirischen Analyse herangezogen.

Es gibt verschiedene Risiken, die es in diesem Kontext zu berücksichtigen gilt. Allem voran wäre hier anzuführen, dass der Wert der Anlagen in Abhängigkeit von den gesamtwirtschaftlichen Rahmenbedingungen und den Veränderungen der Perspektiven bestimmter Gesellschaften oder Sektoren in der Wirtschaft schwankt. Die Investition in internationale Wertpapiere stellt aufgrund oftmals höherer Transaktionskosten und Kurschwankungen in der Regel ein höheres Risiko dar, als die Investition in inländische Wertpapiere. Besonders risikoreich stellt sich dies vor allem für internationale Investitionen dar, einschließlich solcher, die mit Währungsschwankungen und ausländischen, politischen und wirtschaftlichen Ereignissen zusammenhängen (Backman et al. 2015).

Eine Unterscheidung zwischen dem aktiven und passiven Investmentansatz kann anhand der Zusammensetzung der Gesamtrisikoposition (total risk exposure) vorgenommen werden. Sowohl passive als auch aktive Strategien werden zu einem zufälligen Risiko führen, während bei der aktiven Strategie auch bewusstes (absichtliches) Risiko eingegangen wird. Das absichtliche Risiko kann aus dem spezifischen Aktienrisiko (aktive Aktienauswahl) oder dem systematischen Risiko (aktives Benchmark Timing) bestehen. Einige Indexfondsmanager vertreten die Ansicht, dass die ex ante Passivindexierung dauerhafte überdurchschnittliche Renditen generieren kann (d. h. ein aktives Portfolioergebnis). Damit ist gemeint, dass passives Indexing oft die durchschnittliche aktive Strategie outperformt, was als Reflektion der schlechten aktiven Ergebnisse zu deuten wäre (El-Hassan, Kofman 2003).

Bodie et al. (2014) differenzieren zwei verschiedene Arten des Risikos, mit dem private Anleger konfrontiert sind: das systematische Risiko und das idiosynkratische Risiko.

Das systematische Risiko, oft auch als Marktrisiko bezeichnet, ist das Risiko, das dem aggregierten Markt innewohnt und nicht durch Diversifikation verschwinden kann. Einige typische Quellen des systematischen Risikos sind Krieg, Rezessionen, Zinssätze, Inflation und andere Risiken, wie weiter oben bereits erwähnt, die sich nicht durch ein diversifiziertes Portfolio vermeiden lassen. Wenngleich das systematische Risiko nicht mit Diversifikation behoben werden kann, kann es dennoch gehedgt, also abgesichert werden. Anders als beim systematischen Risiko, kann das Risiko, das für eine Firma oder Industrie spezifisch ist (idiosynkratische Risiko oder s. o. absichtliches Risiko), durch Diversifikation minimiert oder sogar fast gänzlich eliminiert werden (Bodie et al. 2014).

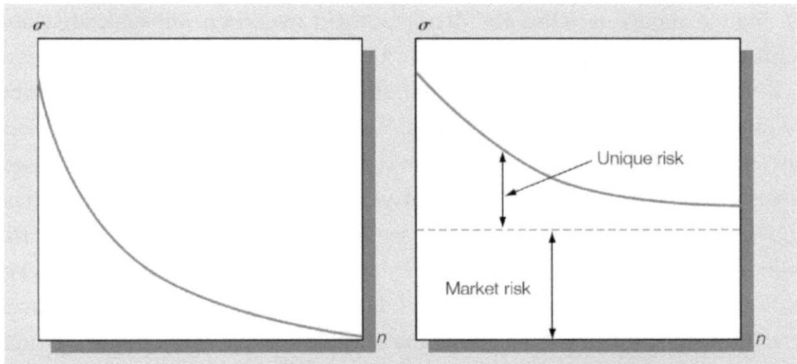

Abbildung 3: Portfoliorisiko in Abhängigkeit von der Anzahl der Aktien im Portfolio
Quelle: Vgl. Bodie et al. (2014), S. 209.

Wenn alle Risiken firmenspezifisch sind, wie in Abbildung 3 links zu sehen, kann die Diversifizierung das Risiko auf sehr niedrige Werte reduzieren. Der Grund dafür ist, dass bei allen unabhängigen Risikoquellen die Exposition gegenüber einer bestimmten Risikoquelle auf ein vernachlässigbares Niveau reduziert wird. Die Verringerung des Risikos auf ein sehr niedriges Niveau bei unabhängigen Risikoquellen wird manchmal als „Versicherungsprinzip" bezeichnet, da ein Versicherungsunternehmen von der durch Diversifizierung erzielten Risikoreduktion abhängt. Das bedeutet, dass wenn eine Versicherung viele Policen verkauft, sie sich gegen viele unabhängige Risikoquellen versichert, wobei jede Police einen kleinen Teil des Gesamtportfolios des Unternehmens darstellt (Bodie et al. 2014).

Wenn gemeinsame Ursachen des Risikos alle Unternehmen beeinflussen, kann aber auch eine umfangreiche Diversifizierung das Risiko nicht beseitigen. Abbildung 3 auf der rechten Grafik ist zu entnehmen, dass die Portfoliostandardabweichung sinkt, wenn die Anzahl der Wertpapiere ansteigt. Gänzlich auf Null reduzieren lässt sich sie sich jedoch nicht. Das Risiko, das auch nach umfangreicher Diversifikation bleibt, wird als Marktrisiko bezeichnet. Ein solches Risiko wird auch als „systematisches Risiko" oder als „nicht diversifizierbares Risiko" bezeichnet. Im Gegensatz dazu wird das Risiko, das durch Diversifizierung beseitigt werden kann, oftmals als „einzigartiges, firmenspezifisches, unsystematisches oder diversifizierbares Risiko bezeichnet (Bodie et al. 2014). Weitere empirische Studien stützen dieses Ergebnis von Bodie et al. (2014). Im Durchschnitt fällt das Portfolio Risiko mit zunehmender Diversifikation, jedoch ist dieser Effekt durch systematische Risikoquellen begrenzt (Statman 1987).

Ein Standardmaß, welches für den Trade Off zwischen idiosynkratischem (absichtlichem) bzw. bewusstem Risiko und aktiver Performance herangezogen wird, ist die Information Ratio. Sie wird definiert, wie bereits in 3.1.1 beschrieben, als die aktive Rendite des Portfolios (das Alpha), geteilt durch das aktive Risiko des Portfolios (zu meist der Tracking Error) (El-Hassan, Kofman 2003). Dieses standardisierte Performancemaß kann verwendet werden, um ex ante Möglichkeiten zu bewerten, jedoch wird es häufiger verwendet, um ex post Ergebnisse zu beurteilen. Eine ex ante Möglichkeit wird durch die maximal mögliche Information Ratio unter Berücksichtigung einer Reihe von prognostizierten Aktienrenditen (und ihren prognostizierten Risikomaßen) und einer ineffizienten Benchmark definiert. Ein passiver Manager (Minimierung des Tracking Errors) wird eine ex ante Information Ratio von Null haben. Ein aktiver Manager (Maximierung der Überrenditen) hingegen wird vermutlich eine viel größere Information Ratio haben (El-Hassan, Kofman 2003).

Im Bereich der Risikoforschung in Bezug auf aktives Management konnten essentielle Erkenntnisse gesammelt werden. Chevalier und Ellison (1997) bspw. haben einen potenziellen Agency Konflikt zwischen aktiven Investmentfondsinvestoren und Investmentfondsgesellschaften untersucht. Demnach möchten Investoren, dass die Fondsgesellschaft ihr Urteilsvermögen einsetzt, um die risikoadjustierte Rendite zu maximieren. Eine Fondsgesellschaft hat jedoch das Ziel, ihren Wert als Fondsgesellschaft zu maximieren. Das bedeutet, dass die Fondsgesellschaft den Anreiz hegt, Maßnahmen zu ergreifen, die den Zustrom von Investitionen erhöhen. Die Autoren haben ein semiparametrisches Modell verwendet, um die Form des Flow Performance Verhältnisses für eine Stichprobe von Wachstum und Einkommensfonds zu bewerten, die über den Zeitraum 1982 bis 1992 beobachtet wurden. Die Form der Flow Performance Beziehung schafft Anreize für Fondsmanager, die Risikobereitschaft des Fonds zu erhöhen oder zu verringern, die von der jährlichen Rendite des Fonds abhängig sind. Sie untersuchen Portfoliobestände von Investmentfonds im September und Dezember und zeigen, dass Investmentfonds, die die Risikobereitschaft der Portfolios am Ende des Jahres in einer Weise, die mit diesen Anreizen im Einklang steht, verändern (Chevalier, Ellison 1997).

Dies verstärkt die eingangs formulierte Vermutung, dass Investmentfonds zwar einen hohen Active Share erzielen, aber oftmals Anreizen verfallen sind, die ein viel höheres Risiko für eine verhältnismäßig niedrige Rendite darstellen. Brown et al. (1996) dokumentieren, dass Manager mit der schlechtesten jährlichen Performance typischerweise das Risiko, welches im Einklang mit ihren eigenen Interessen steht, erhöhen und die Interessen der Aktionäre außer Acht lassen. Auch Huang et al. (2011) und Brown, van Harlow (2009) kommen zu dem Ergebnis, dass Fonds, die das Risiko erhöhen, schlechter performen, als diejenigen Fonds, die das Risikoniveau im Laufe der Zeit stabil halten.

Neuere Studien hingegen, wie z.B. die von Wendler und Peckham (2017), suggerieren ein anderes Ergebnis. Sie zeigen, dass aktives Management über mehrere Marktzyklen hinweg sehr wohl zu höheren risikoadjustieren Renditen führen kann und somit einen Mehrwert für den Investor hat (Wendler, Peckham 2017).

Relevant ist hier außerdem die Frage, in welchem Zusammenhang ein hoher Active Share mit dem Risiko steht, dem die Anleger ausgesetzt sind. Angeführt wird jedenfalls, dass beim Active Share das Risiko des Portfolios oftmals nicht beachtet wird. Ein Fondsmanager mit risikobehafteten Entscheidungen bzgl. des Fondsportfolios wird jedoch täglich konfrontiert und es gehört zu seinen Aufgaben, das Risiko den Belangen der Investoren anzupassen (Anand 2015). Anand (2015) stellt diesbezüglich zwar heraus, dass der Active Share eine schwache Korrelation zur Information Ratio aufweist. Diese Korrelation bestünde jedoch auch zwischen dem Verlustrisiko und dem Active Share. Daraus schließt Anand, dass ein hoher Active Share nicht automatisch zeigt, dass ein Manager die Fähigkeit besitzt, Bestände bzw. Positionen passend zu seiner Überzeugung zu konstruieren (Anand 2015). Ein hohes idiosynkatisches Risiko bezogen auf die vorliegende Arbeit scheint für die „diversified stock pickers" zu gelten, die konzentrierte Portfolios halten. In Bezug auf das idiosynkratische Risiko scheint die Studie von Cohen et al. (2010) bedeutsam zu sein. Sie stellen fest, dass die größten aktiven Positionen der Fondsmanager outperformen, was darauf hindeutet, dass Fondsmanager evtl. begründet schlechter diversifizierte Portfolios bzw. konzentrierte Portfolios halten sollten.

Die jüngsten Hinweise aus der US-Investmentfonds Literatur zeigen, dass Fondsmanager, die bereit sind, große Wetten einzugehen und mehr konzentrierte Portfolios zu halten, eine bessere Performance aufweisen als Manager, die breit diversifizierte Portfolios halten (siehe z. B. Kacperczyk et al. 2005; Huij, Derwall 2017). Dementsprechend gilt es in Kapitel 4, im Rahmen einer empirischen Analyse zu untersuchen, ob diese Ergebnisse in Bezug auf den Active Share standzuhalten in der Lage sind und ob letztendlich positive risikoadjustierte Renditen nachgewiesen werden können. Vor allem das idiosynkratische Risiko wird hierbei eine essentielle Rolle einnehmen. Die sodann thematisierte Frage lautet: Weisen Fonds mit einem höheren Active Share ein erhöhtes idiosynkratisches Risiko auf und performen die aktivsten Fonds auch besser unter Berücksichtigung dieses Risikos?

3.4 Aktueller Forschungsstand und Kritik

Hinsichtlich einer Untersuchung des aktiven Managements lässt sich in der Literatur nur wenig finden. Vielmehr hat sich ein großes Forschungsfeld unmittelbar auf die Performance Entwicklung konzentriert[18] Zum Beispiel berechnet eine umfassende Studie von Wermers (2000) Investmentfondsrenditen vor und nach Kosten. Die Arbeit von Cremers, Petajisto (2009) hingegen verfeinert diese Performance Ergebnisse durch die Aufteilung der Fonds in verschiedene aktive Managementkategorien. In einer ähnlichen Studie untersuchte Wermers (2003) das aktive Management und die Fondsperformance, nutzt jedoch nur den S&P 500 für den Tracking Error als Maß für das aktive Management. Cremers und Petajisto (2009) entwickeln die Studie von Wermers (2003) weiter, indem sie zusätzlich den Active Share nutzen, den sie selber als entscheidend für die Fondsrenditen sehen. Darüber hinaus haben die beiden Wissenschaftler nicht nur einen Börsenindex verwendet, sondern eine ganze Reihe von unterschiedlichen Indizes (Cremers, Petajisto 2009).

Kacperczyk et al. (2005) haben sich einer analogen Frage gestellt, ob Industrie bzw. Branchen Konzentration die Investmentfondsperformance erklärt. So ist zu testen, ob Fonds mit konzentrierten Aktienauswahlen oder großen Faktorwetten in Branchen (Industrien) besser performen als andere Fonds. Die Performance Ergebnisse von Cremers und Petajisto (2009) beziehen sich eher auf die umfassendere Frage, ob einzelne StockPicks in Gebühren und Alphas wiedergespiegelt werden und ob jede Art von Faktor Wette, einschließlich derjenigen, die nicht mit bestimmten Branchen zusammenhängen, sich in der Performance wiederfinden (Cremers, Petajisto 2009).

Der Active Share stößt jedoch auch auf Kritik. So entstand in den letzten Jahren, seit der Veröffentlichung und Einführung des Active Shares von Cremers, Petajisto

---

[18] Verschiedenste Performance Maße wurden entwickelt und angewendet (z. B. Jensen 1968); Grinblatt, Titman (1989); Gruber (1996); Wermers (2000); Cohen et al. (2005)).

(2009), eine regelrechte Debatte über die Nützlichkeit des Active Share als ein neues Maß zur Evaluierung von einzelnen Stock Picks in Investmentfonds.[19]

Cremers und Petajisto nahmen insbesondere Stellung zu den Ausführungen von Frazinni et al. (2016). Sie sind der Ansicht, dass verschiedene von Frazinni et al. (2016) angeführte Kritikpunkte nicht gerechtfertigt seien und gewissen Einschränkungen unterliegen. Zudem schlussfolgert Cremers (2017), dass der Active Share nützlich bei der Analyse von Investmentfonds und bei der Vorhersage der Performance von längeren Zeiträumen ist, was unter anderem im Einklang mit Kacperczyk et al. 2005; Jiang et al. (2014); und Cremers, Pareek (2016) steht, jedoch allesamt nicht von Frazzini et al. (2016) zitiert wurden. Nachfolgend werden die drei wesentlichen Beanstandungen an dem Active Share von Frazzini et al. (2016) diskutiert.

Der erste Kritikpunkt von Frazzini et al. (2016, S. 15) lautet, dass „there is no reliable statistical evidence that high-active-share and low-active-share funds have returns that are different from each other". Die erste Einschränkung ist, dass diese Beanstandung von dem Faktormodell abhängt, das zur Bewertung der Fondsperformance verwendet wird. Die Ergebnisse von Frazzini et al. (2016) werden nur erreicht, wenn ein ungeeignetes Performance Bewertungsmodell verwendet wird, dass eine starke Verzerrung gegenüber Small Cap Fonds enthält und somit eine starke Verzerrung gegen high Active Share Fonds generiert (Cremers 2017).[20] Allerdings sind die Performance Differenzen stark statistisch signifikant, wenn geeignete Methoden angewendet werden, wie z. B. die Benchmark angepassten Nettorenditen (Cremers, Petajisto 2009; Petajisto 2013) oder die sieben Faktor Benchmark (Cremers 2017). Die zweite Einschränkung ist, dass der statistische Nachweis, dass High Active Share Fonds die Low Active Share Fonds übertreffen, für erhebliche Teilmengen von Fonds erheblich stärker ist, z. B. Fonds mit geringeren Kostenverhältnissen (Cremers, Curtis 2016; Cremers 2017) und denen mit langer Fondshaltedauer (Cremers, Pareek 2016; Cremers 2017). Darüber hinaus merkt Cremers (2017) an, dass diese Ergebnisse auch bei Verwendung des Vier

---

[19] Siehe Schlanger et al. (2012), Cohen et al. (2014), Frazzini et al. (2016), Petajisto (2016), Cremers (2017).

[20] Cremers et al. (2013) belegen, dass scheinbar kleine Entscheidungen in der Faktorkonstruktion von SMB und HML wirtschaftlich und statistisch große „nonzero" Alphas für passive Benchmarks produzieren, mit Small-Cap (Large-Cap) Benchmarks, die große negative (positive) Alphas haben, vor allem wenn solche Benchmarks auch Value (Growth) Exposure haben.

Faktoren Fama-French-Carhart-Modells robust bleiben. Die dritte Einschränkung ist das Ergebnis, dass Low Active Share Fonds im Wesentlichen underperformen, im Durchschnitt über alle Performance Bewertungsmodelle robust bleiben, einschließlich aller in Frazzini et al. (2016) genannten Tests (Cremers 2017).

Der zweite wesentliche Kritikpunkt, den Cremers (2017) aus Frazzini et al. (2016, S. 15) aufgreift ist: „sorting funds on active share is equivalent to sorting on benchmark type". Diese Aussage sei allerdings nicht nach Cremers zutreffend: Auch wenn Small Cap Fonds einen höheren Active Share haben, so ist dies nicht im Durchschnitt der Fall. Außerdem seien diese Fonds weniger weit verbreitet und im Allgemeinen auch kleiner. Zum Beispiel beträgt der Anteil der Fonds mit einer Small Cap (Large Cap) Benchmark im Fonds in der Menge von Fonds mit einem Active Share über 90% im Jahr 1990 24% (49%), im Jahr 2000 bei 54% (25%) und 55 % (24%) im Jahr 2015. Diese Feststellung zeigt, dass ein beträchtlicher Anteil der High Active Share Fonds keine Small Cap Fonds sind und dass Large Cap Fonds einen beträchtlichen Anteil der High Active Share Fonds ausmachen (Cremers 2017). Bei der Verwendung der Menge von Fonds mit einem Active Share von mindestens 75% (Minimumniveau der Active Shares in Frazzini et al. (2016), die als High Active Share Fonds bezeichnet werden dürfen), findet Cremers (2017) heraus, dass der Anteil der Small Cap (Large Cap) Fonds in dieser Menge 6% (82%) in 1990 ist, 22% (55%) in 2000 und 23% (52%) in 2015. Die meisten Fonds mit Active Shares über 75%, welche sicherlich als aktive Stock Picker angesehen werden können, sind Large Cap Fonds entgegen der Behauptung von Frazzini et al. 2016, dass es sich überwiegend um Small Cap Fonds handele (Cremers 2017).

Der dritte Kritikpunkt, den Frazinni et al. (2016, S. 15) schließlich gegen den Active Share ins Feld führen, lautet wie folgt: „for a given benchmark, there is no reliable statistical evidence that high-active-share funds outperform low-active-Share funds." Die Wissenschaftler begründen ihre Kritik anhand der Sortierung von Fonds in Active Share Quintiles in 17 separate Gruppen von Fonds auf der Grundlage ihrer Benchmark. Dieses Vorgehen ändert die Definition von high Active Shares auf einen Standard, der sich auf die Benchmark Gruppe bezieht, was zu Verzerrungen führt, da viele Benchmark Gruppen nur wenige Fonds enthalten (siehe Petajisto 2016). Etwa 38% der Fonds, die Frazzini et al. (2016) als High Active Shares bezeichnet haben, befinden sich nicht im oberen Active Share Quintil für die vollständige Stichprobe (Cremers 2017). Die geringe Anzahl an Fonds und weniger Active Share Spread erklären, warum Frazinni et al. (2016) eine schwächere statistische Signifikanz gefunden haben. Cremers kombiniert alle Fonds mit einer Large Cap Benchmark in ein Subsample (anstatt in neun Subsamples, wie Frazzini et al. 2016 es getan haben) und findet einen großen und signifikanten Performance Unterschied zwischen High und Low Active Share Fonds in dem Subsample von Large Cap Fonds (Cremers 2017).

Auch Petajisto (2016) hat sich im Zuge der kritischen Veröffentlichung „Deactivating Active Share" von Frazzini et al. (2016) geäußert. Petajisto bezieht die Position, dass Frazzini et al. (2016) wesentliche Aspekte des Originalartikels von Cremers und Petajisto (2009) und Petajisto (2013) ignoriert haben, denn die wichtigsten Behauptungen in ihrem Widerlegungsversuch wurden laut Petajisto (2016) bereits in den beiden genannten Arbeiten von Cremers, Petajisto (2009) und Petajisto (2013) angesprochen. In seiner Stellungnahme geht Petajisto (2016), genauso wie Cremers (2017), auf drei wesentliche Kernaussagen von Frazzini et al. (2016) ein.

Die erste Haupterkenntnis von Frazzini et al. (2016) ist, dass Large Cap Fonds im Durchschnitt niedrigere Active Shares haben als Small Cap Fonds. Dieses Ergebnis ist nicht neu, da es bereits in Petajisto (2013) erwähnt wurde. Allerdings ist es sinnvoll, Large Cap Fonds mit anderen Large Cap Fonds zu vergleichen, was genau das ist, was Petajisto (2013) auf zwei verschiedene Arten getan hat. Der erste Ansatz basiert auf der Sortierung von Fonds in Peer Gruppen (Large-, Mid-, und Small-Caps). Der zweite Ansatz basiert auf einer multivariaten Regression mit Dummy-Variablen und separaten Bedingungen für Large-, Mid- und Small-Cap Fonds.

Die zweite Kernaussage von Frazzini et al. (2016) ist, dass bei der Kontrolle für Benchmark Indizes, Active Shares keine prädiktive Kraft für Renditen haben. Wie bereits erwähnt, führte Petajisto (2013) die Performance Tests separat für verschiedene Market Cap Gruppen und sogar für die 3 x 3 Morningstar Style Buckets durch. [21] In beiden Portfolioarten und multivariaten Performance Regressionen wird eine statistisch signifikante Vorhersagekraft für den Active Share gefunden. Frazzini et al. (2016) erwähnen diese wichtigen Befunde jedoch nicht (Petajisto 2016).

---

[21] Der „Bucket"-Ansatz ist eine Art Ruhestandsportfoliomanagement, bekannt geworden durch H. Evensky, welches aus drei verschiedenen Buckets mit unterschiedlicher Laufzeit und unterschiedlichen Asset Klassen besteht (Benz 2016).

Im Gegensatz dazu ist der eigene Befund von Frazzini et al. (2016) in diesem Bereich laut Petajisto eher irreführend. Abbildung 6 (vgl. Anhang) bezieht sich auf die Aussage von Petajisto (2016). Es sind dort Ergebnisse von Frazinni et al. (2016) zu sehen, die darauf hinweisen, dass der Active Share positiv mit den Renditen für einige Benchmark Indizes verknüpft ist und sich negativ auf die Renditen von anderen Benchmark Indizes auswirkt. Damit argumentieren Frazinni et al. (2016), dass es im Durchschnitt keine Wirkung gibt. Aber sie heben nicht hervor, dass Active Shares positiv mit den Renditen für die Indizes, die tatsächlich von den meisten der Fonds in der Stichprobe verwendet werden, verbunden sind. So zeigen z. B. beliebte Indizes wie der S&P 500 und der Russell 2000 einen positiven Zusammenhang. Die große negative Beziehung stammt aus dem S&P 500 Value, dem weniger als 5% aller Fonds im Monat als Benchmark zu geordnet werden. In diesem Zusammenhang argumentiert Petajisto, dass die meisten Statistiker sicherlich eine Stichprobe mit einer großen Anzahl von Fonds stärker gewichten als eine Stichprobe mit einer kleinen Anzahl von Fonds (Petajisto 2016).

Die dritte Kernaussage von Frazzini et al. (2016) ist, dass in der Periode von 1990 bis 2009 die Small Cap Benchmark Indizes große negative Vier Faktor Alphas im Vergleich zu Large Cap Indizes hatten, was für die Performance Ergebnisse über Fonds hinweg wichtig ist. Auch dies war keine neue Erkenntnis: Cremers et al. (2013) analysierten das gleiche Thema sehr detailliert und auch Cremers, Petajisto (2009) trugen bereits zu diesem Ergebnis bei. Wie die Letzteren darauf hingewiesen haben, ändert diese Frage nicht die einfache Tatsache, dass der Active Share dazu beigetragen hat, die Outperformance eines Managers gegenüber seinem Benchmark Index vorherzusagen, was vermutlich am meisten für einen Investor entscheidend ist, der zwischen einem aktiven Fonds und einem Indexfonds mit derselben Benchmark auswählen muss (Petajisto 2016).

Stattdessen geht es bei diesem Benchmarking Problem grundsätzlich darum, ob das in der akademischen Forschung populäre Vier Faktor Modell dem gesamten Large Cap Segment und dem gesamten Small Cap Segment unpassend, große und von Null verschiedene (nonzero) Alphas zuweist. Durch die Verwendung von Vier Faktor Alphas ohne Anpassung an Benchmark Indizes, sind Frazzini et al. (2016) implizit davon ausgegangen, dass die passiven Large Cap Benchmark Portfolios für mehr als 80 Jahre ein positives jährliches Alpha von 1,5 bis 2,0% gegenüber Small Cap Benchmark Portfolios erzielten, was besonders schwierig ist, weil die absolute Performance dieser Large Cap Portfolios eigentlich tatsächlich niedriger war (Petajisto 2016). Cremers et al. (2013) zeigen dieses Ergebnis in ihrer Arbeit und legen dar, dass das Vier Faktor Modell leicht modifiziert werden könnte, um dieses nicht eingängige Ergebnis zu beseitigen.

Schlussendlich ziehen sowohl Petajisto (2016), als auch Cremers (2017) das Fazit, dass, sollten Frazzini et al. (2016) glauben, dass die vorherigen Ergebnisse zum Active Share einer neuen Interpretation zu unterziehen seien, sie sicherstellen sollten, dass sie nicht die wichtigsten Aspekte aus Cremers, Petajisto (2009) und Petajisto (2013) übersehen und genau erklären sollten, warum sie mit den bestehenden empirischen Befunden und ihrer ursprünglichen Interpretation nicht einverstanden sind.

4 Empirische Analyse

Das folgende Kapitel wird sich nun den zentralen Forschungsfragen der vorliegenden Arbeit widmen. Hierzu wird zunächst in einem ersten Schritt die Vorgehensweise der verwendeten Methoden erläutert. Danach werden unsere Daten der Investmentfonds in einem teils ähnlichen Rahmen wie in der Arbeit von Cremers, Petajisto (2009) untersucht. Dabei werden zunächst die Investmentfonds anhand der Active Shares und dem Tracking Error in vier verschiedene Kategorien eingeteilt. Daraufhin wird mit Hilfe der erstellten Verteilungstabellen untersucht, wie es mit dem idiosynkratischen Risiko beschaffen ist und der damit verbundenen Frage, ob Investmentfonds mit einem hohen Active Share einem höheren Risiko in Form des idiosynkratischen Risikos ausgesetzt sind.

Im letzten Abschnitt werden die Fonds in verschiedene Gruppen bzw. Kategorien eingeteilt, um die Performance zu untersuchen und die Frage zu klären, ob Investmentfonds mit einem höheren Active Share eine bessere Performance aufweisen, insbesondere nach Einbeziehung der Risiken.

4.1 Methodik und Daten

Dieser Abschnitt stellt die Daten und die grundlegenden empirischen Methoden vor, die in der vorliegenden Arbeit verwendet wurden. Dabei sei zu erwähnen, dass die empirische Vorgehensweise der nachfolgenden Analyse der Vorgehensweise von Cremers, Petajisto (2009) ähnelt, jedoch auch eindeutige Unterschiede aufweist.

Um den Active Share zu berechnen, wurden Daten über die Portfoliozusammensetzung der Investmentfonds sowie über die der Benchmark benötigt.[22] Die Informationen über die Portfoliozusammensetzungen der einzelnen Investmentfonds stammen aus der CRSP Mutual Funds Database, wohingegen die Portfoliozusammensetzung des S&P 500 aus Datastream gewonnen wurde.

Für die Berechnungen des Tracking Errors und der Performance werden darüber hinaus auch die Renditen der einzelnen Investmentfonds und des S&P 500 benötigt. Die Informationen zu den Renditen der Investmentfonds stammen ebenfalls

---

[22] Im Gegensatz zu Cremers, Petajisto (2009), die zur Berechnung des Actives Shares 19 verschiedene Indizes herangezogen haben, beschränkt sich die vorliegende Arbeit auf den S&P 500 als Benchmark Index.

aus der CRSP Mutual Funds Database. Die Renditen des S&P 500 wurden aus der Datenbank von K. French erhalten.[23] Alle Renditen beruhen auf monatlicher Basis. Bei den Investmentfondsrenditen handelt es sich um Renditen, die zwischen Brutto- und Nettorenditen anzuordnen sind. Das bedeutet, dass es sich um Renditen nach Abzug der Managementgebühren, aber vor Einbeziehung der Ausgabeaufschläge handelt.

Die Stichprobe betrug zunächst 1.000 zufällig ausgewählte US amerikanische Investmentfonds. Durch verschiedene Selektionskriterien hat sich die endgültige Stichprobenauswahl im Laufe der empirischen Analyse verändert. Als erstes wurden Investmentfonds aussortiert, die nicht genügend Informationen enthalten haben, um den Active Share zu berechnen. Zudem wurden Investmentfonds mit Short Positionen entfernt, da ansonsten Active Shares mit über 100% aufgetreten wären und gemäß der empirischen Vorgehensweise von Cremers, Petajisto (2009) nur Long Only Portfolios betrachtet werden sollten. Nach diesem Selektionsprozess betrug unsere Stichprobe 867 US-Investmentfonds, für die der Active Share von 2010 bis 2016 berechnet wurde.[24]

Die Untersuchung des Tracking Errora und der Performance beschränkt sich auf den Zeitraum von 2010 bis 2014, da Informationen für 2015 und 2016 unzugänglich waren. Zudem wurde bei der Performance Analyse die Stichprobe um weitere 24 Investmentfonds verkleinert, da zu wenig Informationen zur Berechnung bestimmter statistischer Maße (wie z. B. der Standardabweichung) vorhanden und Berechnungen daher nicht mehr möglich waren. Dementsprechend wurde die Performance Analyse mit einer Fondsstichprobengröße von 843 durchgeführt.

4.2 Ergebnisse zum Active Share und Tracking Error

In diesem Abschnitt werden die empirischen Ergebnisse für das aktive Management vorgestellt. Es wird mit einer Querschnittsanalyse von Fondsmerkmalen für verschiedene Arten von Fonds begonnen, wobei zunächst die Dimension des Active Shares einzeln betrachtet werden soll, ehe der Tracking Error hinzugezogen wird.

---

[23] Es handelt sich dabei um Benchmark Renditen, die das gesamte CRSP Universum abbilden und sehr stark positiv mit den Benchmark Renditen des S&P 500 korrelieren.

[24] Nach der empirischen Vorgehensweise von Cremers, Petajisto, (2009) wäre deren Stichprobe um ein Vielfaches größer, da sie ihre Stichprobe mit härteren Kriterien selektiert haben.

Tabelle 2 zeigt zunächst die eindimensionale Verteilung der Investmentfonds anhand des Active Shares.

Verteilung der durchschnittlichen monatlichen Active Shares (%) von 2010-2016											
	0-10	10-20	20-30	30-40	40-50	50-60	60-70	70-80	80-90	90-100	Summe
N = Investmentfonds	21	2	11	163	625	31	7	6	1	0	867

Tabelle 2: Verteilung der durschnittlichen monatlichen Active Shares von 2010-2016

Der Abbildung ist zu entnehmen, dass 625 Fonds, also ca. 72% der Fonds in der Stichprobe einen Active Share zwischen 40 und 50% aufweisen. Fonds, die einen hohen Active Share (größer als 60%) nach der Definition von Cremers, Petajisto (2009) haben, gibt es nur 14. Absolute high Active Shares von über 90% konnten nicht gefunden werden, wohingegen 21 Fonds in der Stichprobe mit einem sehr niedrigen Active Share gefunden wurden. Insgesamt zeigt die Verteilung, dass die Active Shares der Stichprobe nach dem Verständnis von Cremers, Petajisto (2009) eher niedrig sind.

Als nächstes wurde der Tracking Error als Dimension hinzugefügt, um so eine zweidimensionale Verteilung der Fondstichprobe zu erzeugen. Im Gegensatz zu Cremers, Petajisto (2009), die eine modifizierte Formel des Tracking Errors angenommen haben, wurde an dieser Stelle die gewöhnliche Formel des Tracking Errors (siehe Formel (1)) verwendet.[25] Tabelle 5 (vgl. Anhang) zeigt die zweidimensionale Verteilung unserer Stichprobe. Wie bei der eindimensionalen Verteilung zuvor, wurden die Fonds nach monatlichen durchschnittlichen Active Shares eingeteilt, wohingegen die Fonds beim Tracking Error auf Basis durchschnittlicher jährlicher Werte zugeteilt wurden. Der Vergleich von monatlichen und jährlichen Werten ist in diesem Zusammenhang zulässig, da der Active Share im Gegensatz zum Tracking Error kein zeitbasiertes Maß ist.

Bei zunächst getrennter Betrachtung des Tracking Errors lässt sich erkennen, dass 554 Fonds (ca. 64%) einen sehr niedrigen Tracking Error von 0 bis 2% aufweisen. Zudem ist festzuhalten, dass die Anzahl von Fonds mit steigendem Tracking Error stark abnimmt. Unter Berücksichtigung der beiden Dimensionen kann ein Fonds mit niedrigem Tracking Error sowohl einen sehr niedrigen, als auch einen hohen Active Share haben. Dementsprechend lässt sich dort kein ein-

---

[25] Anstatt der normalen Berechnung des Tracking Errors, verwenden Cremers, Petajisto (2009) die Standardabweichung des Fehlerterms der Renditen, um den Tracking Error zu berechnen.

deutiger Trend erkennen. Jedoch kann gesagt werden, dass 603 der 867 Fonds (ca. 70%) einen moderaten Active Share zwischen 40 und 50% haben und gleichzeitig einen Tracking Error zwischen 0 und 4% Prozent aufweisen. Unter Einbeziehung der Active Shares von 30 bis 40% kann sogar gezeigt werden, dass 765 von 867 Fonds (ca. 88%) einen Active Share zwischen 30 und 50% aufweisen, verbunden mit einem Tracking Error von 0 bis 4%.

Zwecks übersichtlicher Darstellung der verschiedenen Managementstile und der Schaffung einer Vergleichsbasis zu anderen Studien, wurde der Framework des aktiven Managements nach dem Verständnis von Cremers, Petajisto (2009) übernommen. Dafür werden die Ergebnisse der zweidimensionalen Verteilung anhand des Active Shares und Tracking Errors verwendet, um sie den Kategorien des aktiven Managements zuzuordnen. Die Zuteilung der Fonds in die vier verschiedenen Kategorien wurde in Abbildung 4 grafisch zusammengetragen.

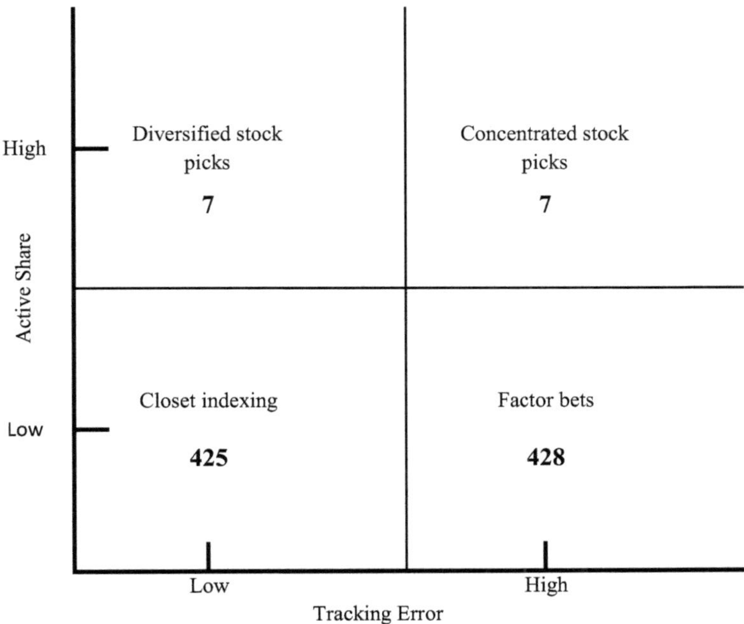

Abbildung 4: Verteilung der Investmentfonds anhand der 4 Kategorien des aktiven Managements

Ebenso wie bei Cremers, Petajisto (2009) liegt der Cutoff von einem low zu einem high Active Share bei 60%. Über den Cutoff beim Tracking Erro von low zu high haben Cremers, Petajisto (2009) keine Angaben gemacht. Dementsprechend wurde der Median der Tracking Error Ergebnisse verwendet, der bei 1.57% liegt. Die Ergebnisse der Zuordnung suggerien, was bereits die zweidimensionale Verteilung gezeigt hat, nämlich, dass die Fondsstichprobe nur sehr wenige aktive Fonds nach der Definition von Cremers, Petajisto (2009) enthält. Lediglich ungefähr 2% der Fonds in unserer Stichprobe können gemäß des Frameworks als aktiv gemanagte Investmentfonds bezeichnet werden. Alle anderen Fonds sind entweder eine Mischung aus aktiven und passiven Fonds, oder sogar gänzlich ein passiv gemanagter Fonds.

4.3 Idiosynkratisches Risiko

In diesem Abschnitt werden die Ergebnisse zum idiosynkratischen Risiko dargestellt. Dies geschieht hinsichtlich der Frage, ob ein hoher Active Share zu einem höheren idiosynkratischen Risiko führt. Als Framework zur Bestimmung des idiosynkratischen Risikos wurde die Arbeit von Calvet et al. (2007) herangezogen, mit dem sie in ihrer Studie für den schwedischen Aktienmarkt unter anderem das Risiko von Haushaltsportfolios bestimmt haben. Sie führen eine Varianzzerlegung durch und selektieren das systematische und idiosynkratische Risiko, um unter anderem auf das Gesamtrisiko zu schließen. Zudem intensivieren Calvet et al. (2007) die Analyse zum idiosynkratischen Risiko, indem sie Einflussfaktoren des Risikos untersuchen. Die Berechnung des idiosynkratischen Risikos in der vorliegenden Arbeit wird darauf beschränkt sein, dass der Errorterm bzw. der Fehlerterm der Regression der Investmentfondsrenditen als Identifizierung des idiosynkratischen Risikos dient. An dieser Stelle sei erwähnt, dass die modifizierte Form des Tracking Erros, die Cremers und Petajisto (2009) verwenden, identisch mit der Berechnung des idiosynkratischen Risikos ist. Dementsprechend war es notwendig, in der vorliegenden empirischen Analyse die Standardformel des Tracking Errors zu verwenden, um das idiosynkratische Risiko mit den beiden Dimensionen des aktiven Managements zu erfassen.

Die Ergebnisse zum idiosynkratischen Risiko sind in Tabelle 3 zusammengetragen worden. Der Aufbau folgt der zweidimensionalen Verteilung aus 4.2 und zeigt das durchschnittliche idiosynkratische Risiko anhand des Active Shares und des Tracking Errors. Die Ergebnisse bestätigen die eingangs geäußerten Vermutungen nicht. Es gibt keine Hinweise darauf, dass ein höherer Active Share zu einem höheren idiosynkratischen Risiko führt. Es sollte jedoch darauf hingewiesen werden, dass in der Stichprobe nur sehr wenige aktive Investmentfonds mit einem Active

Share größer als 60% gefunden werden konnten. Extreme high Active Share Fonds über 90% konnten nicht nachgewiesen werden.

Nur in Kombination mit einem höheren Tracking Error (größer als 2%) scheint der Active Share möglicherweise das idiosynkratische Risiko zu erhöhen. Viel auffälliger erscheint es jedoch, dass der Tracking Error das idiosynkratische Risiko positiv beeinflusst, insofern als bei gleichbleibendem Active bzw. niedrigem Active Share keine großen Veränderungen des idiosynkratischen Risikos zu erkennen sind. Steigt jedoch der Tracking, bei gleichzeitig konstantem Active Share, ist ein starker Anstieg des idiosynkratischen Risikos zu erkennen. Es ist vermutet worden, dass ein Anstieg im Active Share das idiosynkratische Risiko eindeutig erhöht. Diese Vermutung kann durch die vorliegenden Ergebnisse nicht bestätigt werden.

	Ø jährlicher Tracking Error (%) basierend auf sechs monatiger rollierender Basis					
Ø Active Share pro Monat (%)	0-2	2-4	4-6	6-8	8-10	10-12
	Panel: Idiosynkratisches Risiko					
90-100						
80-90		0.366				
70-80	0.059					
60-70	0.055	0.22				
50-60	0.059	0.44	0.444			
40-50	0.093	0.345	0.589	0.94	0.9	0.88
30-40	0.054	0.5534	0.91			
20-30	0.049	0.402	0.418			
10-20	0.03	0.983				
0-10	0.193	0.696				

Tabelle 3: Auswirkungen der Dimensionen des aktiven Managements auf das idiosynkratische Risiko

4.4 Performance

Im vorliegenden letzten Abschnitt wird die Performance untersucht, hinsichtlich der Frage, ob aktivere Investmentfonds auch bessere Renditen liefern, auch unter Einbeziehung vom Risiko. Dabei wird eine Vielzahl von geeigneten Kennzahlen herangezogen, um die Performance in einzelnen Fondsgruppen zu vergleichen. Die Ergebnisse der Performance Analyse ist in Tabelle 6 im Anhang dargestellt.

Zunächst wurde eine Einteilung der Fondsstichprobe nur anhand des Active Shares vorgenommen. Gemäß dem Framework von Cremers, Petajisto (2009) wurden die Fonds in low (kleiner als 60%) und high (größer gleich 60%) Active Shares eingeteilt. Wie bereits aus vorherigen Verteilungstabellen bekannt ist, haben wir nur 14 Fonds, die den high Active Share Fonds zugeteilt werden können und 853 Fonds, die low Active Share Fonds sind.

Um jedoch eine bessere Verteilung zu erreichen und Verzerrungen zu reduzieren, wird eine weitere Fondsgruppe implementiert, die als moderate Active Share bezeichnet werden kann.[26] Diese Gruppe erfasst alle Fonds mit einem Active Share kleiner als 60% und größer gleich 40%. Somit enthält die Fondsgruppe der moderate Active Shares mit 640 Fonds die meisten in der Stichprobe. Panel A der Tabelle 6 (vgl. Anhang) bildet die Ergebnisse der Analyse für die drei Fondsgruppen ab. Alle Kennzahlen wurden ex post über den Zeitraum von 2010 bis 2014 ermittelt. Um die Renditen in den Kennzahlen zu berücksichtigen, wurde das 3 Faktor Modell von Fama und French angewendet. Somit werden evtl. Risiken und Verzerrungen aus den Renditen herausgerechnet bzw. für die Berechnung der Kennzahlen berücksichtigt.

Die Ergebnisse zeigen, dass Fonds mit einem hohen Active Share (größer gleich 60%) sowohl ein niedrigeres systematisches als auch idiosynkratisches Risiko aufweisen. Wie in Abschnitt 4.3 bereits erwähnt, war dieses Ergebnis nicht zu erwarten. Bezogen auf die Performance und die Frage, ob Investmentfonds mit einem höheren Active Share ihre Benchmark schlagen können, unterstützen die Resultate dieser Performance Analyse die Ergebnisse und Befunde von Cremers, Petajisto (2009), insofern als denn ein positives Alpha in der high Active Share Gruppe gefunden werden konnte, sogar nach Berücksichtigung des Risikos in Form von systematischem und idiosynkratischem Risiko. Lediglich bei der Relation zwischen Überrendite und der gesonderten Betrachtung des systematischen Risikos schneidet die high Active Share Gruppe etwas schlechter ab. Bei der Betrachtung der Information Ratio hingegen, zeigt sich erneut, dass die Gruppe der High Active Share Fonds den besten Wert aufweist, da diese Gruppe auch als ein-

---

[26] Auch Petajisto (2013) hat weitere Fondsgruppen verwendet, um Fonds besser, hinsichtlich ihrer Active Shares auf Performance, zu untersuchen.

ziges eine positive Überrendite ausgedrückt in Alpha erzielen konnte. Die beiden Gruppen mit Active Shares unter 60% weisen aufgrund des negativen Alphas negative Werte für die Information Ratio auf. Bezogen auf die High Active Share Fonds, kann das Ergebnis an dieser Stelle so interpretiert werden, dass unter Berücksichtigung des Risikos, Index abweichendere Investmentstrategien für den Anleger lohnenswerter sein können. Jedoch kann diese Interpretationsvorgehensweise bei negativen Werten zu falschen Schlussfolgerungen führen, weshalb von einer Interpretation bezogen auf die negativen Werte an dieser Stelle abgesehen wird (Wolfstetter 2014).

In Tabelle 6 Panel B (vgl. Anhang) sind die Kategorien des aktiven Managements verwendet worden, um diese nach ihrer Performance zu beurteilen. Im Gegensatz zu Tabelle 5 Panel A beruhen diese Kategorien auf zweidimensionalen Verteilungen durch den Active Share und den Tracking Error. Die Ergebnisse in Panel B deuten auf eine noch bessere Unterstützung hinsichtlich der Ergebnisse von Cremers und Petajisto (2009) hin.

Die Kategorie der „Concentrated Stock Picks", also die Fonds mit dem höchsten Active Share und Tracking Error, schneiden in der Performance Analyse am besten ab. Somit deuten die Ergebnisse darauf hin, dass nicht nur ein hoher Active Share, sondern auch ein vergleichsweise höherer Tracking Error wichtig ist. Zunächst sind bei der Betrachtung des idiosynkratischen und systematischen Risikos keine Auffälligkeiten bzw. großen Abweichungen im Gegensatz zu den Ergebnissen aus Tabelle 6 Panel A zu erkennen. Jedoch kann ein leichter Anstieg des idiosynkratischen Risikos bei den Concentrated Stock Picks beobachtet werden, der im Vergleich zu Panel A auf den Tracking Error zurück zu führen sein muss und damit die Ergebnisse zum idiosynkratischen Risiko in Abschnitt 4.3 untermauert. Erst beim Vergleich der Alpha für die einzelnen Kategorien wird deutlich, dass nur die Kategorie der „Concentrated Stock Picks" ein positives Alpha generieren konnte und dementsprechend auch ein größeres als die high Active Share Gruppe aus Panel A, da dort die Kategorie „Diversified Stock Picks" enthalten ist, die als separate Gruppe ein negatives Alpha generiert hat. Auch unter Berücksichtigung der Risiken in Form der Sharpe-, Treynor-, und Appraisal Ratio schneidet die Kategorie der Concentated Stock Picks am besten ab. Wie in Panel A weisen die aktiveren Fonds, aber nur im Zusammenhang mit einen hohen Tracking Error, das beste Ergebnis auf. Denn im Gegensatz zu den Diversified Stock Pickers können nur die Concentrated Stock Pickers ein positives Ergebnis in Bezug auf die Appraisal und Information Ratio aufweisen. Alle drei anderen Gruppen zeigen negative Werte auf, weshalb erneut ein Vergleich zu den anderen Werten nicht geeignet erscheint.

Nun stellt sich die Frage, ob die eher passiven Fonds mit einem niedrigen Active Share denn schlechter abschneiden, als ihre aktiven Pendants. In Panel A schneiden low Active Share Fonds schlechter ab, als die high Active Share Fonds, jedoch um einiges besser als die moderate Active Share Fonds. Unter Berücksichtigung des systematischen Risikos in Form der Treynor Ratio schneidet die Gruppe der low Active Share Fonds sogar besser ab als die der high Active Share Fonds. In Panel B hat die Kategorie „Closet Indexing" eher mittelmäßig abgeschnitten. Das idiosynkratische Risiko ist zwar erwartungsgemäß sehr niedrig, jedoch unter Berücksichtigung von dem erzielten Alpha in Form der Appraisal Ratio schneidet die Kategorie Closet Indexing am schlechtesten ab. Auch bei der Betrachtung von anderen Kennzahlen weisen die Fonds in der Kategorie Closet Indexing schlechtere Ergebnisse auf, als die Fonds in der Kategorie Concentration Picks.

Bei der Gesamtbetrachtung der Ergebnisse unterstützen diese die Erkenntnisse, die Cremers, Petajisto (2009) in ihrer Arbeit veröffentlicht haben. Demnach liefern Fonds, die ein hohen Active Share haben eine eher bessere Performance, als Fonds mit einem niedrigen Active. Die Ergebnisse können entgegen aller eingangs formulierten Vermutungen, auch nach Berücksichtigung der Risiken, vor allem in Form des idiosynkratischen Risikos, standhalten.

5 Zusammenfassung der Ergebnisse

In diesem Kapitel sollen die zentralen Ergebnisse und Erkenntnisse der empirischen Analyse zusammengetragen, reflektiert und interpretiert werden. Zudem sollen vor allem die Ergebnisse mit anderen Studien, insbesondere mit der von Cremers, Petajisto (2009), verglichen werden und in einem finanzliterarischen Kontext dargestellt werden.

5.1 Wesentliche Erkenntnisse der empirischen Untersuchung

Als erstes gilt es, die Ergebnisse der Analyse einer angemessenen Einordnung zu unterziehen. Zunächst konnte festgestellt werden, dass die Verteilung der Active Shares stark konzentriert ist und nicht viele hohe Active Shares identifiziert wurden. Extreme High Active Share Fonds waren sogar gar nicht auszumachen. Demnach weisen die allermeisten Investmentfonds einen Active Share zwischen 30 und 50% auf. Nach Auffassung von Cremers, Petajsitos (2009), sind diese Fonds nicht aktiv und auch nicht richtig passiv. Vielmehr mehr lassen sie sich als ein Hybrid aus beidem bezeichnen. Zudem haben es diese Fonds aus theoretischer Sicht her schwieriger, ihre Benchmark outzuperformen, da bei einem Active Share von unter 50% weniger als die Hälfte der Positionen in einem Fonds dazu beitragen können, die Benchmark zu schlagen. Die 21 Investmentfonds, die einen Active Share zwischen 0 und 10% aufweisen, werden mit sehr großer Wahrscheinlichkeit ein Indexfonds sein.[27]

Auch wenn diese vermutlich nicht zu den aktiv gemanagten Investmentfonds gehören, lässt sich anhand der vorliegenden Ergebnisse ein Trend zum Closet Indexing erkennen. Diese Ergebnisse bzw. dieser Trend wurde bereits von Petajisto (2013) erwähnt und resultiert seiner Meinung nach aus einem gesteigerten Risikobewusstsein der Investmentfondsmanager im Zuge der jüngsten Finanzkrise. Diese Erkenntnis verschärft sich sogar, wenn zur Verteilung zusätzlich das Maß des Tracking Errors miteinbezogen wird. Von 867 Fonds weisen 501 Fonds einen Active Share zwischen 20 und 50% auf, bei einem gleichzeitigen Tracking Error zwischen 0 und 2%.

---

[27] Im Gegensatz zur Arbeit von Cremers, Petajisto (2009) wurden in der vorliegenden empirischen Analyse Investmentfonds mit einem Active Share von unter 10% nicht aus der Stichprobe genommen. Cremers, Petajisto (2009) sind davon ausgegangen, dass Investmentfonds mit einem Active Share zwischen 0 und 10% Indexfonds sein müssen.

Aus der bisherigen veröffentlichen Literatur ist bekannt, dass Investmentfonds mit einem hohen Active Share angeblich besser performen bzw. mit einer höheren Wahrscheinlichkeit eine höhere Rendite erzielen, als Investmentfonds mit einem niedrigeren Active Share. Cremers, Petajisto (2009) haben diese Fonds als „Concentrated Stock Picker" bezeichnet, welche neben einem hohen Active Share auch einen hohen Tracking Error als Merkmal aufweisen. Die Frage, die sich in diesem Zusammenhang stellt, ist, ob die Rendite auf ein höheres eingegangenes Risiko seitens des Fondsmanagers zurückzuführen ist, sofern diese Fonds tatsächlich eine bessere Rendite liefern.

Um diese Frage zu beantworten, untersuchte die vorliegende Arbeit zunächst das idiosynkratische Risiko anhand der beiden Dimensionen des Active Shares und Tracking Errors. Die Ergebnisse (Tabelle 4) lassen, trotz aller Vermutungen, nicht darauf schließen, dass ein hoher Active Share auch automatisch zu einem höheren Risiko führt. Ein wesentlicher Grund könnte in diesem Zusammenhang sein, dass high Active Share Fonds bzw. Fonds mit einem höheren Active Share besser diversifiziert sind, als zunächst angenommen bzw. die Anzahl an verschiedenen Positionen im Fonds für eine ausreichende Diversifizierung genügt. Jedoch konnte in diesem Kontext der Tracking Error als Risikotreiber für das idiosynkratische Risiko identifiziert werden. Bei einem Tracking Error (größer als 2%) konnte bei jedem Niveau im Vergleich zum Active Share ein deutlich höheres idiosynkratisches Risiko festgestellt werden. Auch unter Vorwegnahme der Tabelle 6, die die Performance Ergebnisse zeigt, kann anhand der vier Kategorien des aktiven Managements erkannt werden, dass die Treiber des Risikos im Tracking Error identifiziert werden können. Die Fonds der Kategorie „Concentrated Stock Picks" weisen zwar ein erhöhtes idiosynkratisches Risiko auf, welches aber aufgrund der vorliegenden Ergebnisse eher auf einen höheren Tracking Error als auf einen höheren Active Share zurück zu führen ist.

N=867	Active Share	Tracking Error	Idiosynkratisches Risiko
Active Share	1		
Tracking Error	0.2214	1	
Idiosynkratisches Risiko	0.0789	0.7563	1

Tabelle 4: Zusammenhang zwischen Active Share, Tracking Error und dem idiosynkraritschen Risiko

Die Erkenntnis unterstützt auch Tabelle 6. Im Zuge der Ergebnisse in 4.3 schien es vielversprechend, sich im Nachgang noch weiter mit dem idiosynkratischen Risiko zu befassen. Im Rahmen der Betrachtung der Korrelation, lässt sich nur eine schwache positive Beziehung zwischen dem idioynkratischen Risiko und dem Active Share erkennen, wohingegen eine starke Korrelation zwischen dem idiosynkratischen Risiko und dem Tracking Error besteht.

Unter Berücksichtigung verschiedener Performance Kennzahlen, die auch Risiken berücksichtigen, können bisherige veröffentliche Forschungsergebnisse bestärkt werden. Nur die Gruppe der aktivsten Fonds (Tabelle 5 Panel A) und insbesondere die Kategorie der „Concentrated Stock Picks" kann ein positives Alpha generieren, auch unter Einbeziehung des idiosynkratischen Risikos. Die Investmentfonds hingegen, die eher einen niedrigeren Active Share haben zeigen eine deutlich schlechtere Performance. Interessanterweise schneidet die Kategorie der „Factor Bets" unter dem Gesichtspunkt der Alphas am schlechtesten ab, was im Vergleich zu den Concentrated Stock Picks darauf hindeutet, dass ein höherer Active Share eher zu einem größeren Alpha als ein höherer Tracking Error führen könnte. Auch unter gesonderter Betrachtung der Closet Indexing Fonds bestätigen die Ergebnisse schlechtere Performance Ergebnisse als bei den High Active Share Fonds. Jedoch sollte auch berücksichtigt werden, dass die Stichprobe nur 14 high Active Share Fonds enthielt und die restlichen Fonds den Low bzw. Moderate Active Share Fonds zuzuordnen sind.

5.2 Vergleich zu anderen Studien

Im folgenden Abschnitt sollen die empirischen Ergebnisse mit anderen Studien verglichen werden, um sie in einen finanzliterarischen Kontext einordnen zu können. Denn seit Cremers, Petajisto (2009) haben sich viele andere Studien mit dem Active Share und seinem Mehrwert für Privatanleger bei der Investmentfondselektion beschäftigt.

Wesentliche Befunde von Cremers, Petajisto (2009) konnten im Zuge der empirischen Analyse in einem gewissen Grad mit den vorliegenden Ergebnissen dieser Arbeit identifiziert werden. Demnach sollten sich Privatanleger eher für einen Investmentfonds mit einem hohen Active Share als für einen mit einem niedrigen Active Share entscheiden, wenn nach Performance Gesichtspunkten entschieden werden sollte.[28] Zu diesem Ergebnis sind in den letzten paar Jahren jedoch nicht alle Studien gekommen. Einige Studien stimmen den Ergebnissen von Cremers, Petajisto (2009) nur teilweise zu, andere Studien hingegen, wie in 3.4 genannt, streiten den Mehrwert bzw. den Interpretationsgehalt des Active Shares vehement ab.

Im Vergleich zu anderen Studien fällt auf, dass die Stichproben wesentlich größer sind, obwohl in deren Studien oftmals auch nach mehreren Merkmalen die Stichproben verkleinert wurden, z. B. durch das Aussortieren von Indexfonds oder Small Cap Fonds (siehe z.B. Cremers, Petajisto 2009; Cohen et al. 2014; Caquineau et al. 2016). Dies mag vermutlich ein wesentlicher Grund dafür sein, weshalb die Stichprobe in der vorliegenden empirischen Analyse nur sehr wenige high Active Share Fonds (größer gleich 60%) enthält. Ein anderer Grund könnte die Wahl der Benchmark sein, da andere Studien wie z. B. Cremers, Petajisto (2009) sogar 19 verschiedene Indizes verwendet haben, um den optimalen Active Share zu bestimmen. Die Abbildung 7 (vgl. Anhang) verstärkt diesen Verdacht und zeigt, dass die Höhe des Active Shares einer starken Beeinflussung der ausgewählten Benchmark unterliegt. Demnach waren die Active Shares bspw. im Jahr 2012, unter Bezugnahme des S&P 500 als Benchmark zur Berechnung des Active Shares, durchschnittlich ungefähr 18% kleiner als beim Russell 2000. Die Abbildung 7 von Sapra, Hunjan (2013) weist zudem darauf hin, dass vor allem Benchmarks mit einer höheren Anzahl an Positionen zu einem höheren Active Share führen. Bezogen auf die Ergebnisse der vorliegenden Arbeit, könnte dies tatsächlich ein Grund für die niedrigen Active Shares innerhalb der Fondsstichprobe sein.

Auch die zweidimensionale Verteilung der Investmentfonds anhand des Active Shares und Tracking Error sieht in anderen Studien erheblich anders aus. So finden beispielsweise Schlanger et al. (2012) nur sehr wenige Investmentfonds, die einen Active Share unterhalb von 60% haben. Jedoch wird auch in dieser Studie deutlich, dass die Höhe des Active Shares abhängig von der Selektionsweise ist, die in der vorliegenden Arbeit weitestgehend vernachlässigt wurde. Ein letzter naheliegender Grund, weshalb die Active Shares in der vorliegenden Stichprobe im Durchschnitt niedriger sind als im Vergleich zu Cremers, Petajisto (2009) oder

---

[28] An dieser Stelle sei nochmal erwähnt, dass die Performance Analyse ex post stattgefunden hat und die Ergebnisse nicht darauf schließen lassen bzw. garantieren, dass die high Active Share Fonds, die in der Vergangenheit ihre Benchmark geschlagen haben, dies auch in der Zukunft tun.

Schlanger et al. (2012), ist die Wahl des Zeitraumes der Analyse. Die allermeisten Studien zum Active Share bilden den Zeitraum vor der jüngsten Finanzkrise ab. Die Grundlagenstudie zum Active Share von Cremers, Petajisto erfasst bspw. die Active Shares der Fonds im Zeitraum von 1980 bis 2003. Jedoch ist es naheliegend, dass Fondsmanager aus der letzten Finanzkrise gelernt haben und mit einem stärkeren Risikobewusstsein agieren und sich eventuell eher an Indizes orientieren, was wiederum auch den stärkeren Trend hin zum Closet Indexing erklären könnte, den auch Petajisto (2013) in seiner Studie entdeckt hat. Andere Studien, wie die von Caquineau et al. (2014) und Schlanger et al. (2012) finden wiederum Hinweise, die einen Rückgang des Closet Indexing implizieren.

Ein wesentlicher Faktor, auf den in der vorliegenden empirischen Analyse nicht eingegangen ist, sind die Kosten und Gebühren in Form der TER, die die Gesamtkostenquote des Investmentfonds bezeichnet. Cremers, Petajisto (2009) finden eine schwache positive Beziehung zwischen dem Active Share und der TER der aktiv gemanagten Investmentfonds. Abbildung 8 (vgl. Anhang) zeigt die Ergebnisse dieser Beziehung. Auch wenn die durchschnittlichen TERs in jeder high Active Share Gruppe nur geringfügig ansteigen, ist eine kontinuierlich steigende Veränderung von jeder Active Share Gruppe zur nächsten erkennbar. Immerhin ist die durchschnittliche TER in der High Active Share Gruppe (90 bis 100%) 0,34% größer als die der moderate Active Share Gruppe (40 bis 50%). Auch die Studie von Rönngren, Xu (2013) kommt zu dem Ergebnis, dass Fonds mit höheren Kosten und im Durchschnitt weniger Aktien bzw. Holdings einen höheren Active Share haben. Dementsprechend muss ein high Active Share Fonds, der es schafft ein positives Alpha zu generieren, auch höhere Kosten kompensieren, damit der Fonds auch nach Kosten seine Benchmark schlagen kann.

Die generelle Meinung und Befunde bezogen auf die Performance von veröffentlichen Studien gehen weit auseinander. Studien, an denen Cremers und Petajisto beteiligt sind, zeigen alle, dass die aktivsten Investmentfonds, sogar unter Berücksichtigung von Kosten und Risiken, ihre Benchmark schlagen können. Ihre Ergebnisse deuten sogar auf Performance Persistenz für die Fonds mit den höchsten Active Shares hin, sogar unter Kontrolle des 4 Faktoren Modells.[29] Verglichen mit den Ergebnissen der vorliegenden empirischen Studie scheinen Zweifel an solchen Ergebnissen teilweise angebracht zu sein, vor allem weil Cremers, Petajisto

---

[29] Siehe z. B. Cremers, Petajisto (2009), Petajisto (2013) oder Cremers (2017).

(2009) behaupten, dass durch den Active Share zukünftige Performance prognostiziert werden kann. Studien, wie die von Cohen et al. (2014), kommen zu anderen Ergebnissen. Sie kommen zwar teilweise zu ähnlichen Ergebnissen wie Cremers, Petajisto (2009), nämlich, dass high Active Share Fonds im Durchschnitt eine bessere Überrendite erzielen als low Active Share Fonds, finden jedoch keine Hinweise darauf, dass der Active Share als Prädiktor für zukünftige Performance dienen kann.

Die Überschussrendite kann nämlich nur, laut Cohen et al. (2014), durch das erhöhte Eingehen von Risiken erreicht werden. Sie finden zudem, dass ein höherer Active Share zu größerer Rendite Dispersion und größerem Downside Risiko führt. In der vorliegenden Arbeit konnte der vermutete Zusammenhang zwischen dem Active Share und dem idiosynkratischen Risiko nicht bestätigt werden. Es konnte kein höheres idiosynkratisches Risiko in Verbindung mit einem höheren Active Share festgestellt werden. Wie in Tabelle 6 jedoch zu sehen ist, gibt es einen starken positiven Zusammenhang zwischen dem Tracking Error und dem idiosynkratischen Risiko.

Auch Christoffersen, Simutin (2017) konnten diese Zusammenhänge bestätigen. Sie finden eine schwache bis mittlere Korrelation zwischen dem Active Share und dem idiosynkratischen Risiko von 0,379. Dieser Zusammenhang ist stärker als die Befunde in der vorliegenden Arbeit, jedoch auch geringer als man eingangs vermutet hätte. Sie finden ebenfalls eine positive Korrelation zwischen dem Tracking Error und dem idiosynkratischen Risiko von 0,564. Diese Ergebnisse unterstützen die Befunde der vorliegenden Arbeit insofern, dass der Tracking Error ein stärkerer Treiber für das idiosynkratische Risiko darstellt als der Active Share. Entgegen dieser Ergebnisse vertreten Sapra und Hunjan (2013) die Meinung, dass der Active Share sehr wohl das idiosynkratische Risiko direkt beeinflusst. Auch weil in der vorliegenden Arbeit nur ein Active Share über 80% gefunden wurde und keine Active Shares über 90%, kann das vorliegende Ergebnis nicht vollkommen die Beziehung zwischen dem Active Share und dem idiosynkratischen Risiko abstreiten.

Die Studien sind sich jedoch in einem Punkt bzgl. des Active Shares einig: Er erlaubt es, Unterscheidungen zwischen verschiedenen Kategorien bzw. Stilen von aktiven Fonds zu treffen. So kann ein Privatanleger diese Kennzahl nutzen, um herauszufinden, wie aktiv sein Fondsmanager wirklich ist oder ob der Fonds sich an einem Index orientiert und sich objektiv betrachtet fälschlicherweise als aktiv gemanagten Investmentfonds bezeichnet.

6 Fazit und Schlussbetrachtung

Die vorliegende Arbeit hat das Maß des Active Shares in einem ähnlichen Framework wie bei Cremers, Petajisto (2009) untersucht. Dabei war das Ziel der Arbeit, herauszufinden, ob sich zum einen die Ergebnisse von Cremers und Petajisto reproduzieren lassen. In der Tat konnten in der empirischen Analyse der vorliegenden Arbeit Resultate generiert werden, die dafür sprechen, dass aktivere Investmentfonds eine bessere Performance liefern als passivere Investmentfonds.

Eine weitere wesentliche Frage, die Gegenstand der vorliegenden Arbeit war, richtete sich an das idiosynkratische Risiko. Vergangene Studien berichteten, dass high Active Share Fonds eher weniger Bestände in ihrem Portfolio haben und diese dann entsprechend übergewichten, um eine bessere Rendite zu erzielen. In diesem Zusammenhang kam die Vermutung auf, dass die Überrendite der high Active Share Fonds sich wahrscheinlich durch eine höhere Risikobereitschaft in Form des idiosynkratischen Risikos erklären lässt. Die empirische Analyse ergab jedoch keine nennenswerten Veränderungen des idiosynkratischen Risikos bei höheren Niveaus von Active Shares. Vielmehr konnte der Tracking Error als Risikotreiber der Investmentfonds identifiziert werden, der zudem eine starke Korrelation zum idiosynkratischen Risiko aufweist.

Der Fondsmanagementstil bzw. die Kategorie der „Concentrated Stock Picks", also die Fonds, die die höchsten Active Shares und Tracking Errors aufweisen, schnitten bei der Performance Analyse am besten ab. Sie waren die einzige Fondsgruppe, die ein positives Alpha generieren konnten und das auch unter Einbezug der Risiken in Form des systematischen und idiosynkratischen Risikos. Dementsprechend kann die in der Einleitung erwähnte Forschungsfrage, ob die aktiv gemanagten Investmentfonds mit dem höchsten Active Share auch eine positive risikoadjustierte Rendite erzielen, bejaht werden. Hierbei sei jedoch nicht außer Betracht zu lassen, dass mehrere Studien einen positiven Zusammenhang zwischen hohen Active Shares und den Kosten der Investmentfonds feststellen konnten. Das bedeutet, dass in der vorliegenden Arbeit die Kategorie der „Concentrated Stock Picks" zwar als einzige Gruppe ein positives Alpha generieren konnte, diese jedoch wahrscheinlich auch die kostenintensivsten Investmentfonds sind. Wenn nun die Frage gestellt wird, ob diese Fonds auch nach Abzug der Kosten ihre Benchmark (S&P 500) schlagen, dann liefert die vorliegende Arbeit keine genaue

Antwort auf diese Frage, da die Kosten vernachlässigt wurden.[30] Zudem darf nicht vergessen werden, dass vergangene Performance kein verlässlicher Prädikator für zukünftige Performance ist. Zwar gestehen Cremers, Petajisto (2009) dem Active Share diese Eigenschaft zu, jedoch findet diese Meinung in der Finanzliteratur und unter Experten nur wenig Zustimmung

Der Active Share ist noch ein vergleichsweise junges Maß in der Finanzwelt und sollte weiterhin erforscht werden. Cremers (2017) veröffentlicht bereits neuere Erkenntnisse und präsentierte eine modifizierte Form des Active Shares und erklärt, dass Kosten für aktives Management für Investmentfondsvergleiche anders erfasst werden sollten. Dementsprechend dürfen in diesem Bereich noch weitere Forschungsergebnisse erwartet werden. Zudem scheint es angebracht, zukünftig noch mehr den Zusammenhang zwischen dem idiosynkratischen Risiko und dem Active Share zu erforschen. Vor allem bzgl. Portfolios, die Active Shares über 90% aufweisen, da Zusammenhänge dieser Fondsgruppe in der vorliegenden Arbeit nicht erfasst werden konnten. In diesem Zusammenhang sollte auch auf eine größere Stichprobe zurückgegriffen werden, um ggf. eine breitere Streuung der Fonds, wie bei Cremers, Petajisto (2009), zu erreichen.

Unter der Berücksichtigung des Titels der vorliegenden Arbeit, kann der Active Share nicht als das Maß gesehen werden, mit dem sich Privatanleger zu Gunsten eines Fonds entscheiden sollten. Zwar zeigen die Performance Ergebnisse, dass diese Fonds ex post die beste Performance geliefert haben, jedoch ist das keine Garantie für zukünftige Outperformance. Doch wie sollte der Active Share genutzt werden und wofür ist er dann eigentlich gut? Alle veröffentlichten Studien sind sich nur in einem Punkt einig. Der Active Share, wie der Name auch impliziert, zeigt dem Privatanleger den Aktivitätsgrad des jeweiligen Investmentfonds an. Anders ausgedrückt kann der Privatanleger so nachvollziehen, ob der Investmentfonds seine hohen Kosten rechtfertigt oder ob der aktive Investmentfonds faktisch eine passive Strategie verfolgt, aber dennoch die gleichen Kosten wie ein echter aktiver Investmentfonds verlangt. Dies suggeriert auch, dass der Active Share ein Tool ist, welches im Zusammenhang mit anderen Kennzahlen genutzt

---

[30] Wie bereits in 4.1 erwähnt, handelt es sich um Renditen abzüglich der Managementgebühr, jedoch zuzüglich der Ausgabeaufschläge. Aus diesem Grund scheint es an dieser Stelle wenig geeignet über Nettorenditen zu spekulieren.

werden sollte, um den Investmentfonds zu wählen, der möglicherweise in der Zukunft die beste Überrendite erzielt.

Da die Kategorie der „Concentrated Stock Picks" darauf angewiesen ist, dass die wenigen Aktien im Portfolio besser abschneiden als der Markt, bedarf es nicht nur eines hohen Active Shares, sondern auch eines Fondsmanagers, der Stock Picking Skills hat (Caquineau et al. 2016). Dementsprechend ist der Active Share eine Art Bedingung, die erfüllt sein muss, damit ein Investmentfonds überhaupt seine Benchmark schlagen kann. Wer nämlich einen zu niedrigen Active Share hat, kann den Markt nicht schlagen und ein ETF wäre in diesem Fall die günstigere und bessere Alternative. Zudem haben Studien wie die von Cohen et al. (2014) gezeigt, dass die höchsten Active Shares die größten Rendite Dispersionen haben. Dies bedeutet, dass wenn ein Fondsmanager nachweislich Skill hat, er den Markt deutlich outperformen und wenn er keinen Skill hat, genauso deutlich underperformen wird.

Nach wie vor ist es schwierig, Fondsmanager mit Skill im Fondsuniversum zu identifizieren bzw. Skill von Glück zu unterscheiden (Fama, French 2010). Dementsprechend sollte davon ausgegangen werden, dass rationale Privatanleger in ETFs investieren. Wie die Zahlen jedoch zeigen, ist der Anteil der Investoren, die in aktiv gemanagte Investmentfonds investieren, immer noch deutlich größer. Die Investoren, die sich trotz etlichen empirischen Beweisen sich für den aktiven gemanagten Fonds entscheiden, sollten ihr Fondsauswahl nicht auf alleinige Grundlage des Active Shares treffen, sondern diesen mit anderen Kennzahlen kombinieren, um Fonds besser nach Merkmalen der Performance und der Strategie zu vergleichen und schließlich auszuwählen.

7 Anhang

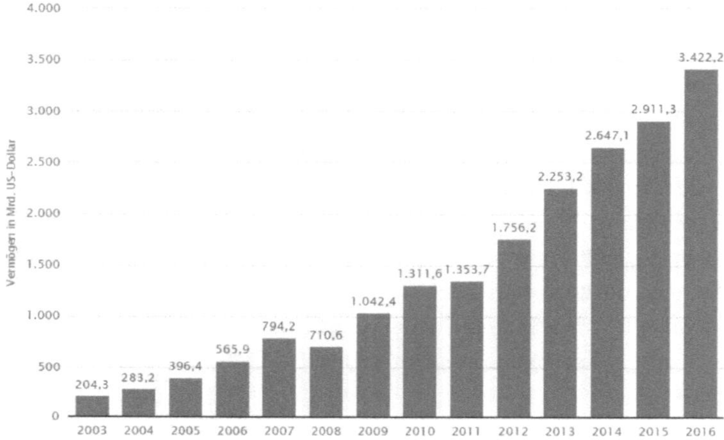

Abbildung 5: Entwicklung des weltweit in ETFs verwalteten Vermögens
Quelle: Vgl. Statista (2017).

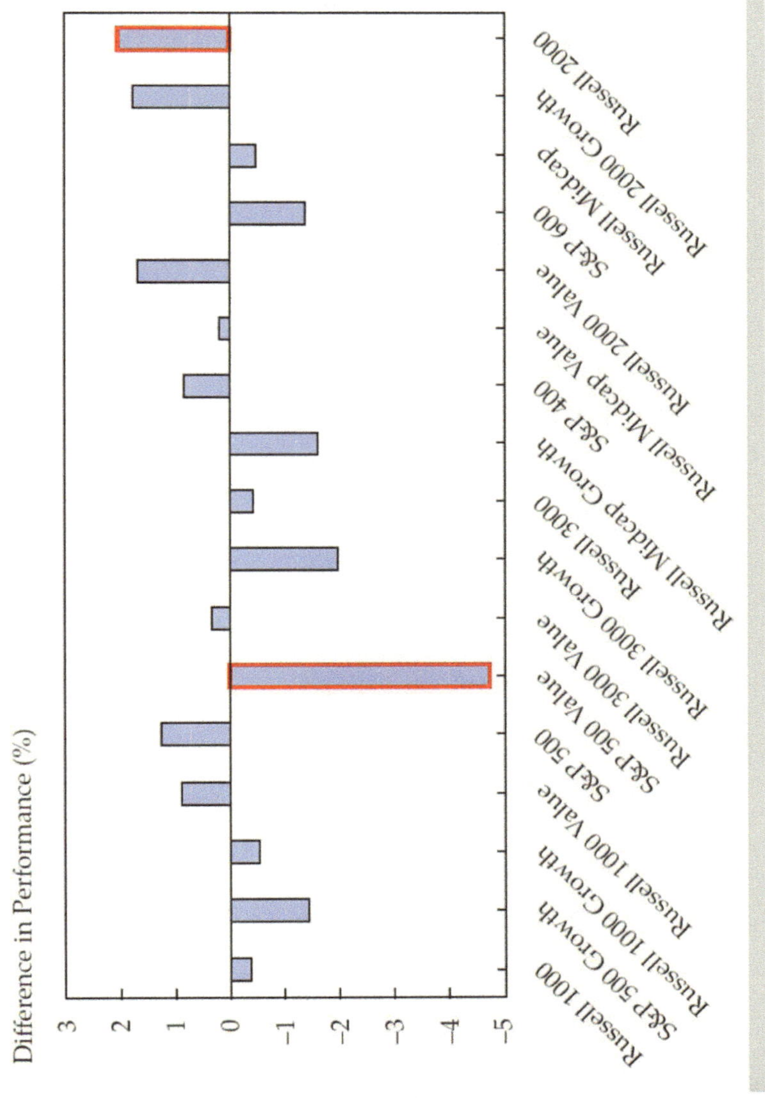

Abbildung 6: Annualisierte Performance Differenz zwischen High und Low Active Share Fonds von verschiedenen Benchmarks von 1990-2009

Quelle: Vgl. Frazzini et al. (2016), S. 7.

Ø Active Share pro Monat (%)	Ø jährlicher Tracking Error (%) basierend auf sechs monatiger rollierender Basis						
	0-2	2-4	4-6	6-8	8-10	10-12	Summe
	Panel: Anzahl der aktiv gemanagten Investmentfonds						
90-100							0
80-90		1					1
70-80	6						6
60-70	4	3					7
50-60	24	6	1				31
40-50	365	238	11	1	8	2	625
30-40	129	33	1				163
20-30	7	3	1				11
10-20	1	1					2
0-10	18	3					21
Summe	554	288	14	1	8	2	867

Tabelle 5: Zweidimensionale Verteilung der Investmentfonds

Durchschnittlichen Performance Ergebnisse pro Jahr von 2010-2014

Ø Active Share pro Monat (%)	N	Ø Beta	Ø idiosynkratisches Risiko	Ø Alpha	Ø Sharpe Ratio	Ø Treynor Ratio	Ø Appraisal Ratio	Ø Information Ratio
Panel A: Performance Ergebnisse nach Sortierung in high, moderate und low Active Shares								
Active Share < 40%	189	0.838	0.1622	-.0046	1.2979	0.211	-0.0286	-0.1094
60% < Active Share > =40%	640	0.8716	0.2106	-.0155	1.027	0.1995	-0.0738	-0.07
Active Share >= 60%	14	0.627	0.1133	0.008	1.9629	0.1402	0.0707	0.0129
	= 843							
Panel B: Performance Ergebnisse verteilt auf die vier Kategorien des aktiven Managements								
Closet Indexing	401	0.924	0.0644	-0.0089	1.1691	0.1193	-0.1385	-0.1056
Factor Bets	428	0.8077	0.3261	-0.0169	1.0136	0.2797	-0.0519	-0.0546
Diversified Stock Picks	7	0.7729	0.0433	-0.0025	1.1388	0.115	-0.0576	-0.0382
Concentrated Stock Picks	7	0.481	0.1833	0.0185	2.787	0.1653	0.1011	0.0641
	= 843							

Tabelle 6: Performance Ergebnisse für unterschiedliche Fondsgruppen

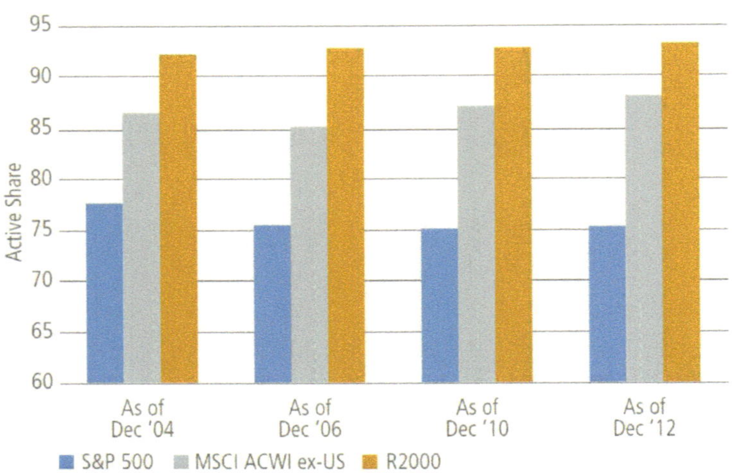

Abbildung 7: Durchschnittliche Active Shares von Investmentfonds bei verschiedenen Benchmark

Quelle: Vgl. Sapra, Hunjan (2013), S. 9.

| | Tracking error (% per year) | | | | | | | | |
Active Share (%)	0–2	2–4	4–6	6–8	8–10	10–12	12–14	>14	All
			Panel A: Equal-weighted total expense ratio (%)						
90–100			1.33	1.37	1.51	1.47	1.49	1.50	1.42
80–90		1.30	1.30	1.43	1.44	1.43	1.37	2.11	1.41
70–80		1.19	1.29	1.37	1.33	1.40	1.85	1.34	1.33
60–70		1.10	1.24	1.35	1.37				1.23
50–60		1.04	1.21	1.43					1.14
40–50	1.12	1.08	1.07						1.08
30–40	1.03	1.06							1.08
20–30	0.92								0.88
10–20	0.71								0.75
0–10	0.47								0.47
All	0.62	1.08	1.27	1.39	1.44	1.45	1.54	1.59	1.24

Abbildung 8: Verteilung der Kostenquote für All-Equity Investmentfonds in 2002
Quelle: Vgl. Cremers, Petajisto (2009), S. 3344

Literaturverzeichnis

Amihud, Y.; Goyenko, R. (2013). Mutual Fund's R^2 as Predictor of Performance. The Review of Financial Studies, 26, S. 667-694.

Anand, P. (2015). Active Share und sein Nutzen für Anleger. Fidelity Worldwide Investment.

Avramov, D.; Wermers, R. (2006). Investing in mutual funds when returns are predictable. In: Journal of Financial Economics, 81, S. 339-377.

Backman, A.; Willey, D.; Vlieger, R. (2015). Be Careful What You Wish For: High Active Share – Perception Versus Reality. Lord Abbett.

Baks, K. ; Metrick, A.; Wachter, J. (2001). Should investors avoid all actively managed mutual funds? A study in Bayesian performance evaluation. In: Journal of Finance, 56, S. 45-85.

Barber, B.; Odean, T. (1999). The Courage of Misguided Convictions: The Trading Behavior of Individual Investors. In: Financial Analyst Journal, 55, S. 41-55.

Barber, B.; Odean, T. (2000). Trading is hazardous to your wealth: The common stock investment performance of individual investors. In: Journal of Finance, 55, S. 773-806.

Benz, C. (2016). The Bucket Approach to Retirement Allocation. Unter: http://news.morningstar.com/articlenet/article.aspx?id=714223 (abgerufen am 06.08.2017).

Bhattacharya, U.; Loos, B.; Meyer, S.; Hackethal, A. (2014). Abusing ETFs. Kelley School of Business Research Paper.

Bodie, Z.; Kane, A.; Marcus, A. (2014). Investments. Mcgraw-Hill, 10th Global Edition.

Brinson, G.; Hood, L.; Beebower, G. (1986). Determinants of Portfolioperformance. In: Financial Analysts Journal, 42, S. 39-44,

Brown, K.; Harlow, W.; Starks, L. (1996). Of Tournaments and Temptations: An Analysis of Managerial Incentives in the Mutual Fund Industry. In: Journal of Finance, 51, S. 85-100.

Brown, S.; Goetzmann, W. (1995). Performance Persistence. In: Journal of Finance, 50, S. 679-698.

Brown, K.; van Harlow, W. (2009). Staying the Course: The impact of Investment Style Consistency on Mutual Fund Performance. Working Paper, University of Texas, Austin.

Busse, J.; Goyal, A.; Wahal, S. (2010). Performance and persistence in institutional investment management. In: Journal of Finance , 65, S. 765-790.

Calvet, L.; Campbell, J.; Sodini, P. (2007). Down or Out: Assessing the Welfare Costs of Household Investment Mistakes. In: Journal of Political Economy, 115, S. 707-747.

Caquineau, M.; Möttölä, M.; Schumacher, J. (2016). Active Share in European Equity Funds – The Activeness of Large-Cap European Managers Through the Lens Active Share. Morningstar Manager Research.

Carhart, M. (1997). On persistence in mutual fund performance. In: Journal of Finance, 52, S. 57-82.

Chevalier, J.; Ellison, G. (1997). Risk Taking by Mutual Funds as a Response to Incentives. In: Journal of Political Economy, 105, S. 1167-1200.

Christoffersen, S.; Simutin, M. (2017). On demand for high-beta stocks: Evidence from mutual funds. The Review of Financial Studies, S. 1-48.

Cohen, R.; Coval, J.; Pastor, L. (2005). Judging Fund Managers by the Company They Keep. In: Journal of Finance, 60, S. 1057-96.

Cohen, R.; Polk, C.; Silli, B. (2010). Best Ideas. Working paper, London School of Economics.

Cohen, T.; Leite, B.; Nielson, D.; Browder, A. (2014). Active Share: A Misunderstood Measure in Manager Selection. Fidelity Leadership Series Investment Insights.

Cremers, M. (2017). Active Share and the Three Pillars of Active Management: Skill, Conviction and Opportunity. In: Financial Analysts Journal, 73, S. 1-19.

Cremers, M.; Curtis, Q. (2016). Do Mutual Fund Investors Get What They Pay For? The Legal Consequences of Closet Index Funds. Virginia Law & Busisness Review, 11, S. 31.93.

Cremers, M.; Ferreira, M.; Matos, P.; Starks, L. (2016). Indexing and Active Fund Management: International Evidence. In: Journal of Financial Economics, 120, S. 539-560.

Cremers, M.; Pareek, A. (2016). Patient Capital Outperformance: The Investment Skill of High Active Share Managers Who Trade Infrequently. In: Journal of Financial Economics, 122, S. 288-306.

Cremers, M.; Petajisto, A. (2009). How active is your fund manager? A new measure that predicts performance. The Review of Financial Studies, 22, S. 3329-3365.

Cremers, M.; Petajisto, A.; Zitzewitz, E. (2013). Should Benchmark Indices Have Alpha? Revisiting Performance Evaluation. Critical Finance Review, 2, S. 1-48.

Dentlinger, P. (2015). Die tatsächlichen Kosten eines ETFs: Gesamtkostenquote (TER) vs. Total Cost of Ownership (TCO), unter: https://www.justetf.com/de/news/etf/die-tatsaechlichen-kosten-eines-etfs-gesamtkostenquote-ter-vs-total-cost-of-ownership-tco.html (abgerufen am 06.08.2017).

El-Hassan, N.; Kofman, P. (2003). Tracking Error and Active Portfolio Management. In: Australian Journal of Management, 28, S. 183-207.

Elton, E.; Gruber, M.; Das, S.; Hlavka, M. (1993). Efficiency with costly information: A reinterpretation of evidence from managed portfolios. Review of Financial Studies 6, S. 1-22.

Elton, E.; Gruber, M.; Blake, C. (1996). The persistence of risk-adjusted mutual fund performance. In: The Journal of Business, 69, S. 133-157.

Evensky, H.; Pfeiffer, S. (2011). Active Portfolio Management Across Business Cycles. Academy of Financial Services Proceedings.

Fama, E. (1970). Efficient Capital Markets: A Review of Theory and Empirical Work. In: Journal of Finance, 25, S. 383-417.

Fama, E. (1972). Components of Investment Performance. In: Journal of Finance, 27, S. 551-67.

Fama, E.; French, K. (2010). Luck versus skill in the cross-section of mutual fund returns. In: Journal of Finance, 65, S. 1915-1947.

Ferri, R. (2009). The ETF Book. John Wiley & Sons, Inc. Hoboken, USA.

Franzen, C.; Georgiou, G. (2015). Active Share: The parts are woth more than the whole. Allianz Global Investors, Update 3 (2015), S. 1-6.

Frazzini, A.; Friedman, J.; Pomorski. L. (2016). Deactivating Active Share. Financial Analysts Journal, 72, S. 14-21.

Friesen, G.; Sapp, T. (2007). Mutual fund flows and investor returns: An empirical examination of fund investor timing ability. In: Journal of Banking and Finance, 31, S. 2796-2816.

Gruber, M. (1996). Another Puzzle: The Growth in Actively Managed Mutual Funds. In: Journal of Finance, 51, S. 783-810.

Grinblatt, M.; Titman, S. (1989). Mutual Fund Performance: An Analysis of Quarterly Portfolio Holdings. In: Journal of Business, 62, S. 393-416.

Grinblatt, M.; Titman, S. (1992). The persistence of mutual fund performance. In: Journal of Finance, 47, S. 1977-1984.

Grossman, S.; Stiglitz, J. (1980). On the Impossibility of Informationally Efficient Markets. American Economic Review, 70, S. 393-408.

Hendricks, D.; Patel, J.; Zeckhauser, R. (1993). Hot hands in mutual funds: Short-run persistence of relative performance 1974-1988. In: Journal of Finance, 48, S. 93-130.

Huang, J.; Sialm, C.; Zhang, H. (2011). Risk Shifting and Mutual Fund Performance. The Review of Financial Studies, 24, S. 2575-2616.

Huij, J.; Derwall, J. (2011). Global equity fund performance, portfolio concentration, and the fundamental law of active management. In: Journal of Banking & Finance, 35, S. 155-165.

Hunter, D.; Kandel, E.; Kandel, S.; Wermers, R. (2013). Mutual Fund Performance Evaluation with Active Peer Benchmarks. In: Journal of Financial Economics, 112, S. 1-29.

Ingersoll, J.; Spiegel, M.; Goetzmann, W.; Welch, I. (2007). Portfolio Performance Manipulation-proof Performance Measures. The Review of Financial Studies, 20, S. 1503-1546.

Investment Company Institute (2015). Investment Company Fact Book, 55. Aufl., Investment Company Institute.

Jensen, M. (1968). The performance of mutual funds in the period 1945-1964. In: Journal of Finance, 23, S. 389-416.

Jiang, H.; Verbeek, M.; Wang, Y. (2014). Information Content When Mutual Funds Deviate from Benchmarks. Management Science, 60, S. 2038-2053.

Johnson, B.; Bioy, H.; Kellett, A.; Davidson, L. (2013). On The Right Track: Measuring Tracking Efficiency in ETFs. Morningstar ETF Research.

Jorion, P. (2003). Portfolio optimization with tracking error constraints. In: Financial Analysts Journal, 59, S. 70-82.

Kacperczyk, M.; Seru, A. (2007). Fund manager use of public information: New evidence on managerial skills. In: Journal of Finance, 62, S. 485-528.

Kacperczyk M., Sialm, C.; Zheng, L. (2005): On the Industry Concentration of Actively Managed Equity Mutual Funds. In: Journal of Finance, 60, S. 1983-2011.

Kommer, G. (2015 a). Die Optimierung von Quellensteuerbelastungen bei Aktienindexfonds aus Sicht eines Privatanlegers in Deutschland. Books on Demand.

Kommer, G. (2015 b). Souverän investieren mit Indexfonds und ETFs – Wie Privatanleger das Spiel gegen die Finanzbranche gewinnen. Campus Verlag, 4. Überarbeitete und aktualisierte Auflage, Frankfurt am Main.

Kosowski, R.; Timmermann, A.; Wermers, R.; White, H. (2006). Can mutual fund "stars" really pick stocks? New evidence from a bootstrap analysis. In: Journal of Finance, 61, S. 2551-2595.

Malkiel, B. (2003 a). Passive Investment Strategies and Efficient Markets. European Financial Management, 9, S. 1-10.

Malkiel, B. (2003 b). The Efficient Market Hypothesis and Ist Critics. In: The Journal of Economic Pespectives, 17, S. 59-82.

Mamaysky, H.; Spiegel, M.; Zhang, H. (2008). Estimating the dynamics of mutual fund alphas and betas. Review of Financial Studies, 21, S. 233-264.

Masarwah, A. (2014). Wie aktiv ist Ihr Fondsmanager. Morningstar, unter:

http://www.morningstar.de/de/news/122516/wie-aktiv-ist-ihr-fondsmanager.aspx (abgerufen am 06.08.2017)

Morningstar (2016). Wie man Active richtig nutzt – Die Vor- und Nachteile von der Kennziffer Active Share bei der Auswahl eines Fonds. Unter: http://www.morningstar.de/de/news/147503/wie-man-active-share-richtig-nutzt.aspx (abgerufen am 06.08.2017).

Nicolosi, G.; Peng, L.; Zhu, N.; (2008). Do individual investors learn from their trading experience? In: Journal of Financial Markets, 12, S. 317-336.

Odean, T. (1998). Are Investors Reluctant to Realize Their Losses? In: Journal of Finance, 53, S. 1775-1798.

Petajisto, A. (2013). Active Share and Mutual Fund Performance. In: Financial Analyst Journal, 69, S. 73-93.

Petajisto, A. (2016). Author Response to „Deactivating Active Share". In: Financial Analysts Journal, 72, S. 11-12.

Poterba, J. M.; Shoven, J. B. (2002). Exchange Traded Funds: A New Investment Option For Taxable Investors. American Economic Review, 92, S. 422-427.

Rönngren, A.; Xu, D. (2013). Active Share in the Swedish Premium Pension Systems – A Study on Mutual Fund Activity and Performance. Umea School of Business and Economics, Sweden.

Sapra, S.; Hunjan, M. (2013). Active Share, Tracking Error and Manager Style. PIMCO, Quantitative Research.

Schlanger, T.;, Philips, C.; LaBarge, K. (2012). The Search for Outperformance: Evaluating „Active Share". Vanguard research.

Sharpe, W. (1991). The arithmetic of active management. In: Financial Analysts Journal, 47, S. 7-9.

Söhnholz, D.; Rieken, S.; Kaiser, D. (2010). Asset Allocation, RisikoOverlay und Manager-Selektion. Das Diversifikationsbuch. Wiesbaden, Deutschland.

Stabler, R. (2015). Active Share and Tracking Error. Invesco Perpetual.

Statista (2017). Development of assets of global Exchange Traded Funds (ETFs) from 2003 to 2016 (in billion U.S dollars), unter: https://www.statista.com/statistics/224579/worldwide-etf-assets-under-management-since-1997/ (abgerufen am 06.08.2017)

Statman, M. (1987). How Many Stocks Make a Diversified Portfolio. In: Journal of Financial and Quantitative Analysis, 22, S. 353-363.

Sun, Z.; Wang, A.; Zheng, L. (2009). Do Active Funds Perform Better in Down Markets? – New Evidence from Cross-Sectional Study, unter: https://papers.ssrn.com/sol3/papers.cfm?abstract_id=1474083 (abgerufen am 06.08.2017).

Treynor, J.; Black, F. (1973). How to Use Security Analysis to Improve Portfolio Selection. In: Journal of Business, 46, S. 66-86.

Uleer, F. (2015). Aktives Management bringt mehr. In: Euro am Sonntag, Ausgabe 31/15.

Weiss, D. (2014). Derivates: A Guide to Alternative Investments. New York, USA.

Wendler, G.; Peckham, J. (2017). Think active can´t outperform? Think again. Invesco White Paper Series on the Active/Passive Debate.

Wermers, R. (2000). Mutual Fund Performance: An Empirical Decomposition into Stock-Picking Talent, Style, Transactions Costs, and Expenses. In: Journal of Finance, 55, S.1655-1695.

Wermers, R. 2003. Are Mutual Fund Shareholders Compensated for Active Management „Bets"? Working paper, University of Maryland.

Wolfstetter, N. (2014). Auf die risikobereinigte Performance kommt es an, unter: http://www.morningstar.de/de/news/129350/auf-die-risikobereinigte-performance-kommt-es-an.aspx (abgerufen am 22.09.2017).

Zheng, L. (1999). Is Money Smart? – A Study of Mutual Fund Investors' Fund Selection Ability. In: The Journal of Finance, 54, S. 901-933.